FIRST STEPS IN TAMIL

FIRST STEPS IN TAMIL

BY

S. G. DANIEL,

WITH AN INTRODUCTION BY

P. T. SRINIVAS IYENGAR

GYAN

Published by

Gyan Publishing House
5, Ansari Road
Daryaganj, New Delhi-110002
Phone: 011-47034999, 9811692060
E-mail: books@gyanbooks.com

Distribution Network
gyanbooks.com
India, USA, Canada, UK, Australia, France

ISBN : 978-81-212-4377-3 (PB)

2nd Impression 2021

Printed at: Gyan Press, Delhi.

First Steps in Tamil
Author: S. G. Daniel

INTRODUCTION

Mr. S. G. Daniel's First Tamil Book as well as the Tamil Readers that follow it are well known to Tamil teachers of South India. The First Book presents the elements of the Tamil Alphabet step by step, following the well-known maxims of educational procedure—from the simple to the complex, from the well-known to the ill-known &c.; hence this book has earned a well-deserved popularity.

When Mr. Daniel proposed to rewrite the book for the benefit of Missionaries and others who might desire to learn Tamil, I suggested to him the desirability of indicating the sound values of Tamil letters by means of the alphabet adopted by the International Phonetic Association, and he readily fell in with the plan; he has thereby rendered this book invaluable to those whose mother-tongue is not Tamil.

Tamil unlike some other languages has a scientifically devised alphabet, having definite letters to mark definite sounds according to fixed rules. But sounds indicated by letters in initial positions in words and phrases become modified in medial positions and no language can afford to invent or use different letters for all possible mutations of sound in speech. These can best be shown by the use of the symbols of the International Phonetic Association adopted here.

Like every other language under the sun, Tamil possesses a few sounds peculiar to itself which offer difficulties to the foreigner. Each such sound has been clearly described, where it occurs, by Mr. Daniel. Hints are given about the modifications of the organs of speech necessary to produce such sounds. These have to be patiently practised, if possible with the help of a Tamilian, if one desires to speak the Tamil language without a 'foreign accent'.

The symbols used in this book are given in tabular form in pages vii–viii. Most of them are well known to students of phonetics. The new ones are ɐ, ʃᶾ, ɹ. These three were adopted by me to represent certain peculiar Tamil sounds as a result of discussion with Mr. Daniel Jones of University College, London when he visited Madras on the invitation of the Madras University. These sounds can be learnt only from Tamil lips.

As regards the other sounds, it may be useful to bear in mind that Tamil vowels except the two diphthongs ai and au are 'pure'; thus unlike South English, so-called 'long a' (e : i), 'long i' (i : j), 'long o' (o : u), 'long u' (u : w) are elemental vowel sounds. Moreover Tamil vowels are mostly tense i.e. produced 'short and crisp' with the muscles of the tongue, cheeks and throat held rather tight. Hence there is a great difference of sound between pin and பின், pull and புல். Thirdly Tamil final u is always fully unrounded; this is indicated by ɯ. Fourthly, before certain consonants e is backed into ɐ.

As regards consonants it must be remembered that both surds and sonants—voiced and voiceless sounds —are produced in Tamil with much less strength than in English. Hence in Tamil speech it is sometimes difficult to find out whether a man pronounces க as k or x or g; and a very clear-cut stop or fricative or sonant is felt as strange. These and other refinements of Tamil speech can only be acquired by residence among the Tamils.

Finally accent in Tamil is always phrasal and initial and *never strong*—a fact generally forgotten by English speakers of Tamil. This fault should be carefully avoided.

P. T. SRINIVAS IYENGAR.

PREFATORY NOTE

This book has been prepared with the object of helping missionaries and others in the early stages of their study of the Tamil language. As a rule Europeans are taught by *Munshis* according to the time honoured alphabetic system. In this book an attempt has been made to introduce the latest methods and present the language in an appreciable and scientific form.

The Tamil alphabet contains 247 letters (vowels 12, consonants 18, vowel-consonants [syllables] 216 and ayutham 1.) Of these, the 12 vowels and the 18 consonants alone are Primary letters. To represent the 247 letters, 40 symbols are used either singly or in combination. The 40 symbols with their corresponding forms in phonetic script are given below:—

No.	Symbol	Phonetic
1.	அ	ɑ, ə
2.	ா	
3.	ர	ɑ:
4.	ி	i
5.	ஈ	
6.	ீ	i:
7.	உ	u, u: (கூ), ai (ணை etc.)
8.	ு	
9.	ு	u, ɯ
10.	ு	
11.	ூ	
12.	ூ	u:
13.	ூ	
14.	எ	
15.	ெ	e, ɛ
16.	ஏ	
17.	ே	e:, ɛ:
18.	ஐ	
19.	ை	ai
20.	ஒ	o
21.	ஓ	o:
22.	க்	k, g, x
23.	ங்	ŋ
24.	ச்	ʃ^{s}, tʃ, s, dz
25.	ஞ்	ɲ
26.	ட்	ḍ, ṭ
27.	ண்	ṇ
28.	த்	t, d
29.	ந்	n
30.	ப்	p, b
31.	ம்	m
32.	ய்	j
33.	ர்	r
34.	ல்	l
35.	வ்	v
36.	ழ்	ɹ̣
37.	ள்	ḷ
38.	ற்	ṛ
39.	ன்	n
40.	ஃ	x

The method adopted is what is called 'the Look and Say method' and the lessons are arranged in a graduated series according to the well known principles 'from the known to the unknown,' 'from the simple to the complex' etc. Care has also been taken not to introduce more than one new symbol in each lesson, the only exception being lesson No. 2 which has 3 new letters. But as these 3 letters (படம்) are simple in form and pronunciation, the student will neither be confused nor find it difficult to learn them together. It is hoped that the illustrations, instructions, exercises and translations given in each lesson will make the study interesting and impressive.

With a view to acquaint the student from the very outset, with the correct pronunciation of Tamil words, I have as far as possible adopted the international phonetic script for which I am greatly indebted to the excellent publications of Mr. Daniel Jones of University College, London. My grateful thanks are also due to M. R. Ry. P. T. Srinivas Iyengar Avgl. M.A., L.T. of St Joseph's College, Trichinopoly, and Mr. M. Natesa Mudaliyar, Tamil Pandit, S. P. G. College, Trichinopoly, for the very valuable help rendered by them in the preparation of this book.

The following phonetic symbols are used in this work :—

Phonetic Symbol	Key word.	Phonetic transcription.	
a	அரிசி	arisi	open front
a:	ஆட்டம்	a:ṭ:əm	do. lengthened
i	இலை	ilai	close front
i:	ஈ	i:	do. lengthened
ï	இடம்	ïḍəm	close mixed
u	உரல்	urəl	close back tense rounded
ɯ	உண்ணு	uṇ:ɯ	close back unrounded
u:	ஊசி	u:si	close back tense rounded lengthened
e	எலி	eli	half close front
ʚ	எண்	ʚṇ	open mixed
e:	ஏரி	e:ri	half close lengthened
ʚ:	ஏணி	ʚ:ṇi	open mixed
ə	அவன்	avən	half open mixed
ai	ஐந்து	aindɯ	diphthong
o	ஒலி	oli	half close back
o:	ஓசை	o:sai	do lengthened
au	ஔவை	auvai	diphthong
x	அஃது	axdu	Velar fricative
	பகல்	paxəl	
h	வாஹனம்	va:hanəm	Breathed glottal fricative
k	கண்	kaṇ	Breathed velar plosive
g	சங்கம்	saŋgəm	Voiced do.
ŋ	இங்ஙனம்	iŋ:anəm	Voiced velar nasal

ş	ஸர்ப்பம் / சர்ப்பம்	sarp:əm	Breathed dental fricative
ʃ̣	விஷம் / பட்சம்	viʃəm / paṭʃəm	Retroflex fricative
ʃˢ	சட்டை	ʃˢaṭ:ai	a sound intermediate between ʃ and s. Dental fricative
tʃ	பூச்சி	pu:tʃ:i	Dental fricative
dʒ	ஜனம்	dʒanəm	dental fricative
ɲ	ஞானம்	ɲa:nəm	Palatal nasal
ḍ	கடல்	kaḍəl	Retroflex plosive
ṭ	வட்டம்	vaṭ:əm	do.
ṇ	பணம்	paṇəm	Retroflex nasal
t	தண்ணீர்	taṇ:i:r	Dental plosive
d	பந்தல்	pandəl	Dental plosive
n	நகம் / வனம்	naxəm / vanəm	Dental nasal
p	பல்	pal	Bi-labial plosive
b	கம்பம்	kambəm	
m	மரம்	marəm	Bi-labial nasal
j	உயரம்	ujarəm	palatal fricative
r	ஈரம்	i:rəm	Dental rolled
l	பலம்	paləm	Dental lateral
v	வண்ணான்	vaṇ:a:n	Labio dental fricative
ɹ	பழம்	paɹəm	Retroflex fricative
ḷ	கம்பளம்	kambaḷəm	Retroflex lateral
ṛ	உறக்கம்	uṛak:əm	Retroflex rolled

The lengthening of vowels and the doubling of consonants are shown by the same symbol (:) e.g. i = இ, i: = ஈ; வட்டம் vaṭ:əm ; பூச்சி pu:tʃ:i.

Table of sounds occurring in Tamil

Consonants.

	Labial		Dental	Retroflex	Palatal	Velar	Glottal
	Bi-la-bial	Labio-dental					
Plosive	p. b ப்		t d த்	ṭ ḍ ட்		k. g க்	
Nasal	m ம்		n ந், ன்	ṇ ண்	ɲ ஞ்	ŋ ங்	
Lateral			l ல்	ḷ ள்			
Rolled			r ர்	ṛ ற்			
Fricative		v வ்	s ṭʃ ஸ், க்ஷ ʃ̟ dʒ ச், ஜ்	ɹ̣ ʃ̣ ழ் ஷ்	j ய்	x ஃ, க்	ɦ ஹ்

Vowels

	Front	Mixed	Back
Close	i: i ஈ இ	ï இ	u: u ɯ ஊ உ உ
Half-close	e e: எ ஏ		o o. ஒ ஓ
Half-open		ə அ	
Open	a a: அ ஆ	ɐ ɐ: எ ஏ	

The short vowel அ in the last syllable of polysyllabic words is not exactly pronounced like *a* but somewhat like *a* in above (əbʌv). The stress becomes weak in the last syllable. e. g.

அவர் avər and not avar.
அந்த andə and not anda.

To ensure correct pronunciation the student should be careful to weaken the stress gradually at every succeeding syllable. Tamil is a language of *initial phrasal stress.*

A few important grammatical points are inserted in appropriate places, to enable the student to learn Grammar inductively.

TANJORE }
June 1922 }

S. G. DANIEL.

Lesson 1

ஈ

i

In Tamil a fly is called *ee* (as in bee) and it is written thus ஈ. A bee is also an ஈ. ஈ is a letter as well as a word. It is the fourth letter of the Tamil alphabet. ஈ as a noun means a fly; as a verb it means give. ஈ = i: [International phonetic script] or the Greek H, η. Compare their shape.

Lesson 2

ஈ படம்

ட ப ம்

ḍa pa ; ba m

This is the picture of a fly (ஈ). A picture in Tamil is called 'paḍam' or more correctly in phonetic script 'paḍəm' (ப = pa ; டம் = ḍəm) படம்.

Of the three letters in this word the last ம் is a nasal consonant. There are 18 consonants in the Tamil alphabet and these will be gradually introduced in the succeeding lessons. The sign for a consonant is that it has a circle or dot over it. As the consonant is supposed to be lifeless, it cannot be pronounced except with the help of a vowel or vowel-consonant. Therefore it always goes with the preceding vowel or syllable : e.g., ப + டம் = படம் and not ப + ட + ம் = படம்.

A vowel in Tamil is called *uyir* = life, a consonant *mey* = body, and a vowel-consonant (or syllable) *uyir mey* = body with life.

[Compare ப and ட with Greek letters Π and Δ. ப is more or less Π inverted and ட is Δ without the third side.]

Exercise

ஈ படம் = (fly picture) picture of a fly.
டம்பம் ḍambəm = foppery.
பட பட paḍə paḍə = } Imitative words, sound produced
டப டப ḍabə ḍabə = } by the burning of crackers. பட பட – has also another meaning—*in quick succession.*
டம் டம் ḍam ḍam = sound of a drum cf. *tom-tom.*

The following rules should be observed:—

(1) ப at the beginning of a word is voiceless like *p*; e.g. படம் paḍəm.

(2) When ப occurs single in the middle or at the end of a word it is voiced like *b*; e.g. டம்பம் ḍambəm; டப டப ḍabə ḍabə.

N.B.—The above rules are not strictly followed in the case of foreign words imported into the Tamil language.

(3) When ப is doubled it is pronounced hard like *pp*; e.g. ஈப் படம் i:p:aḍəm = picture of a fly.

Lesson 3

மரம்

ம் ம ர

m ma ra

A tree in Tamil is called மரம் marəm. In this word there are three letters of which the last one ம் is known (lesson 2). The first resembles the last, but it has no dot over it. The letter with a dot (ம்) is a consonant and when it is pronounced the lips are closed, but when the dot is removed we open our lips and pronounce it as ம *ma*. The same rule applies to all the other consonants.

e. g. ப் is p; ப=pa
ட் is ṭ; ட=ḍa, ṭa
ம் is m; ம=ma
ர் is r; ர=ra

Compare ர with the English r.

EXERCISE

ஈரம் i:rəm=moisture
ரம்பம் rambəm=a saw
பம்பரம் pambarəm=a top
ரபர் rabər=rubber

பர பர parə parə மடமட maḍə maḍə டம டம ḍamə ḍamə	Imitative words. பரபர and மடமட mean quickly or briskly. டமடம signifies the sound of a drum.

Lesson 4

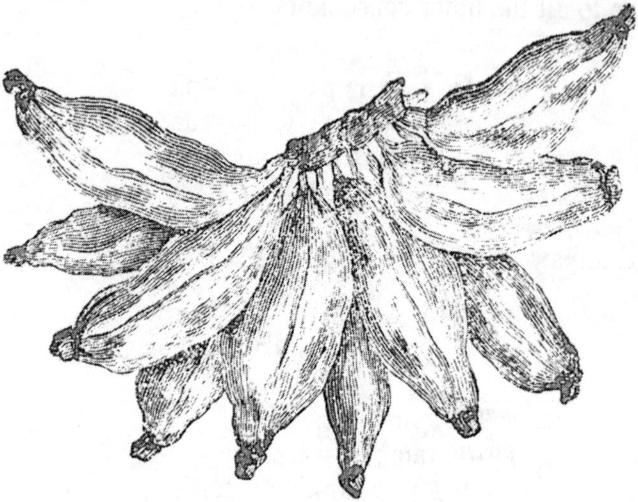

பழம்

ப்	ப ;	ட்	ட ;	ழ
p	pa, ba	ṭ	ḍa ; ṭa	ẓa

A ripe fruit in Tamil is called பழம் paẓəm. ழ is not found in English or any other European language. Europeans therefore generally find it difficult to pronounce this letter correctly. Its pronunciation is like *rl* in curl with a mixture of *sh*, something like *s* in pleasure ; to pronounce it correctly apply the top of the tongue as far back as you can to the palate.

EXERCISE

பழம் paɻəm = a ripe fruit
மழ மழ maɻə maɻə = smooth ; not rough
படம் paḍəm = a picture
பட்டம் paṭ:əm = title ; a paper kite
மடம் maḍəm = a monastery or nunnery
மட்டம் maṭ:əm = level
பட் பட் paṭ paṭ } = Imitative words.
டப் டப் ḍap ḍap }

N. B.—The difference in pronunciation and meaning between படம் and பட்டம் and மடம and மட்டம் should be noted.

Lesson 5

பல்

ர்	ர	ல்	ல
r	ra	l	la

A tooth in Tamil is called பல் pal. ல் is *l* and when the dot is removed it becomes ல *la*.

Exercise

பல் pal = a tooth.
மல் maḷ = mull; a thin soft kind of muslin.
பல pala = many.
பலர் palar = many people.
மலர் malar = flower.
பழம் paẓam = a ripe fruit.
பலம் palam = an Indian weight; three tolahs make one palam.
மலம் malam = dirt.
படல் paḍal = a screen made of sticks or palm leaves.
மடல் maḍal = petal.
பலப்பம் palap:am = slate pencil.
ஈரல் i:ral = the liver, spleen, etc.
பலபல pala pala = different, various.

Lesson 6

ஈச்சமரம்

ச் ச

tʃ tʃa ; ʃ^{3}a ; sa

The Tamil word for a date-tree is ஈச்சமரம். i:tʃ:-əmarəm.

ʃ^3. This sound is peculiar to South India. The words in which it occurs are rendered ʃ in Northern India.

ச at the beginning of a word or when it occurs singly in the middle of a word is pronounced like ʃ^3 or s. e.g. சரம் ʃ^{3}arəm, ரசம் rasəm. But when it is preceded by ச் or ட் it is pronounced like *ch* in church, e.g. மச்சம் matʃəm. பட்சம் paṭʃəm. In the case of foreign words this rule is not strictly observed.

Compare ச with the Greek σ which resembles the lower half of ச.

Exercise

சரம் ʃ^{3}arəm = a string with things on it ; garland.
ரசம் rasəm = juice.
சரசர ʃ^{3}arəʃ^{3}arə = an imitative word meaning quickly.
ஈசல் i:ʃ^{3}əl = winged red ant ; whistling.
மச்சம் matʃ:əm = fish ; a black speck or spot on the skin ; a mole.
பட்சம் paṭʃəm = kindness.
லட்சம் laṭʃəm = a lakh ; hundred thousand.
சட்டம் ʃ^{3}aṭ:əm = law ; rule ; a frame.
சர்ப்பம் sarp:əm = a serpent.
சப்பரம் sap:arəm = a car in which idols are carried in procession.
சல்லடம் ʃ^{3}al:aḍəm = a kind of short drawers.
ஈச்சம் பழம் i:tʃ:am baɹ̣əm = date fruit.
ஈச்சம் பழ ரசம் i:tʃ:am baɹ̣ə rasəm = date (fruit) juice.

Lesson 7

கப்பல்

க்	க
ḳ	ka ; ga ; ẋa

A ship in Tamil is called கப்பல் kap:əl. The letter க at the beginning of a word is pronounced hard like *k* ; but in the middle when single it is pronounced like *x* or *g* ; e.g. கப்பல் kap:əl, பகல் paxəl or pagəl. This rule is not strictly followed in the case of foreign words. When doubled it is pronounced hard like *k*, e.g. பக்கம் pak:əm. க is pronounced like g when it is preceeded by its kindred nasal consonant ங் or by ண் e.g. சங்கம் saŋgəm (lesson 17) எண்கள் eṇgəḷ (lesson 20)

Exercise

கடல் kaḍəl = sea.
கப்பல் kap:əl = ships.
கம்மல் kam:əl = an ear-ring worn by Indian women.
கம்பம் kambəm = a post.
கம்பர் kambər = Kambar, the author of *Ramayana*.
கமலம் kamaləm = lotus.
கடகட kaḍəkaḍə = an imitative word meaning quick y.
கடகம் kaḍaxəm = a kind of bracelet.
கட்கம் kaḍkəm = a sword.
கட்டடம் kaṭ:aḍəm = a building.
கச்சல் katʃ:əl = a tender plantain.
பக்கம் pak:əm = page; side.
பழக்கம் paɹak:əm = practice.
சக்கரம் ʃʲak:arəm = a wheel.
சகரம் saxarəm = the letter ச.
சகசம் saxasəm = The natural state or disposition; habit.
பகல் paxəl = day time.
பட்டப் பகல் paṭ:ap:axəḷ = bright daytime.
மரக் கலம் marak:aləm = a ship (மரம் = wood, board. கலம் = vessel).

கபம் kabəm = phlegm.
கபடம் kabaḍəm = fraud; deceit.
கப்பம் kap:əm = tribute.
கலகம் kalaxəm = tumult; sedition.
கலசம் kalasəm = an earthen water pot.

Lesson 8

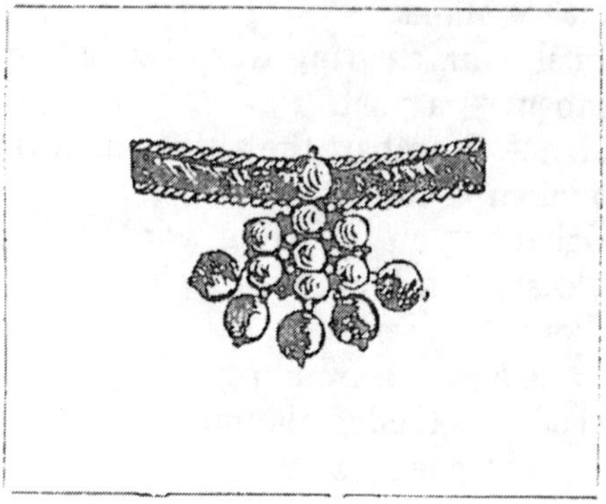

பதக்கம்

த் t

த ta; da

பதக்கம் patak:əm is the Tamil name for a pendant in the centre of a necklace.

த is pronounced like the French *t* or *d*. It is dental as in French and not alveolar as in English. It is pronounced hard when it occurs at the beginning of a word or when it is doubled and soft when it occurs single in the middle, except in the case of foreign words. e.g. தகரம் taxarəm சத்தம் sat:əm ; பதம் padəm ; தர்மம் tarməm or darməm (Sanskrit).

It may be noted that the Greek letter θ is more or less like த without the downward curve.

Exercise

தகரம் taxarəm = tin
தர்க்கம் tark:əm = discussion ; disputation.
தம்பட்டம் tambaṭ:əm = tambour.
தழல் taɹ̣əl = live-coal.
தகதக taxə taxə = brightly.
தடதட } taḍə taḍə = } onomatopœtic words meaning
தபதப } tabə tabə = } quickly or in quick succession.
தர்மம் darməm or tarməm = charity; virtue.
பதம் padəm = a word.
பதர் padər = chaff.
பத்தர் pat:ər = the caste title of gold and silver-smiths.
சத்தம் ʃat:əm } = sound.
சப்தம் sabdəm }
சதகம் sadaxəm = a hundred ; a collection of a hundred stanzas.
பலத்த palat:ə = strong.
பலத்த சத்தம் = loud noise.
தம்பட்ட சத்தம் = tambour sound.
தகரப் பம்பரம் = a tin-top i.e. a top made of tin.

Lesson 9

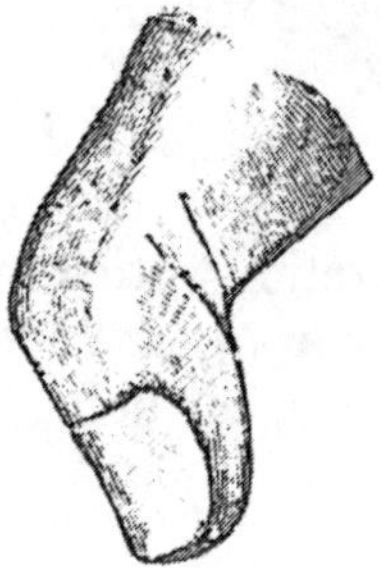

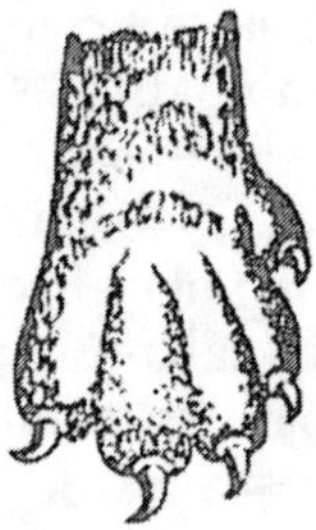

நகம்

ந் ந

n na

நகம் naxəm is the Tamil word for the nail of the fingers or toes; claw (cf. Anglo-Saxon nagel=nail). ந is pronounced *na* and ந் like *n* in anthem. Compare the shape of ந with the English *n*. If the corners are rounded off as is generally done in manuscript writing the resemblance can be easily perceived.

Exercise

நகம் naxəm=nail or claw.
நகல் naxəl=a copy.
நகரம் naxarəm=city.
நரகம் naraxəm=hell.
நரகல் naraxəl=dung; filth.
நரர் narər=men.

நட naḍə=walk (imperative).
நடக்க naḍak:ə=to walk.
தந்தம் tandəm=பல் (tooth); tusk of an elephant.
பந்தம் pandəm=torch.
மந்தம் mandəm=indigestion; dullness.
கந்தம் kandəm=odour.
கந்தகம் kandaxəm=sulphur.
கந்தல் kandəl=rag.
பந்தல் pandəl=shed.
சந்தர்ப்பம் sandarp:əm=context.
நல்ல nal:ə=good.
நல்ல நகரம்=a good city.
நல்ல கப்பல்=a good ship.
நல்ல பழம்=a good fruit.

Lesson 10

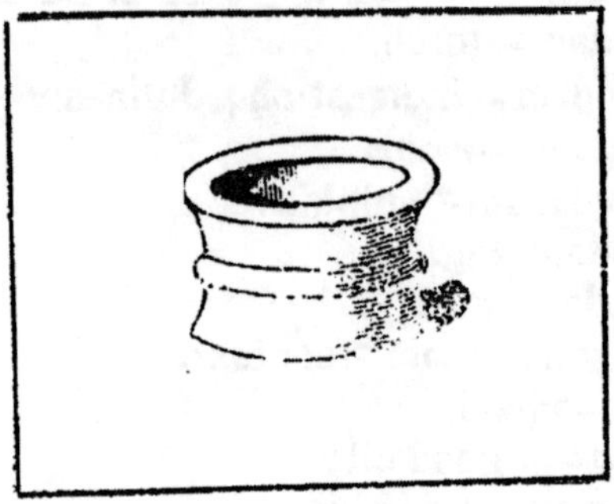

உரல்

உ

u

உரல், urəl is a large mortar for husking paddy etc. உ to be pronounced like *u* in full.

Exercise

உரல் urəl=a mortar.
உரம் urəm=strength.
உடல் uḍəl=body.
உச்சம் utʃ:əm=top; zenith; the treble in music.
உத்தமம் ut:amәm=the best.
உத்தரம் ut:arəm=answer.
உதரம் udarəm=the belly.

உகரம் uxarəm=the name of the letter உ. கரம் karəm is usually added to the short letters to express their names e.g. ப=பகரம்; ம=மகரம்; ட=டகரம்; த=தகரம்; ந=நகரம் etc. The word கரம் by itself means the hand.

உலகம் ulaxəm=the world.

உல்லம் ul:əm=sable fish.

உட்பக்கம் uṭpak:əm=inner-side.

உலகரட்சகர் ulaxəraṭʃaxər=Saviour of the world.

உலர்ந்த ularndə=dried.

உலர்ந்த மச்சம்=dried fish.

உலர்ந்த ஈச்சம் பழம்=dried date fruit.

கல் உரல்=stone mortar.

மர உரல்=wooden mortar.

Lesson 11

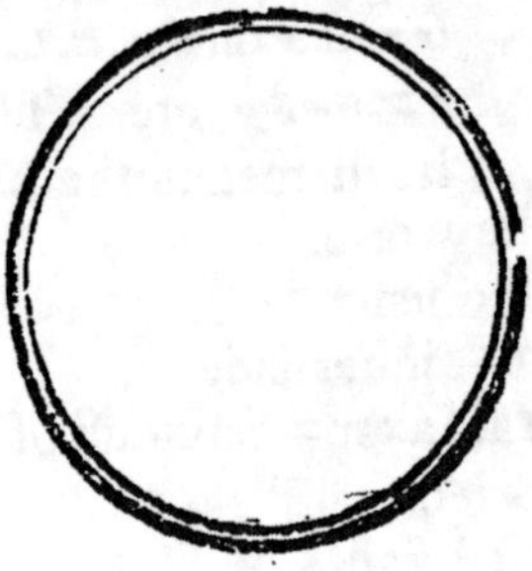

வட்டம்

வ்　　வ

v　　va

வட்டம் vaṭ:əm is the Tamil word for a circle.

Exercise

வட்டம் vaṭ:əm = a circle.
வடம் vaḍəm = a rope.
வடகம் vaḍaxəm = an Indian condiment.
வல்லபம் val:abəm = power ; might.
பல்லவம் pal:avəm = chorus of a song or ode repeated after each stanza.
வலப்பக்கம் valap:ak:əm = the right hand side.
வர்த்தகம் vart:axəm = trade.
வசந்தம் vasandəm = the season of spring.
வழக்கம் vaɹ̣ak:əm = usage ; custom.
உழவர் uɹ̣avər = ploughmen ; farmers.

உவர் uvər=saltishness; brackishness.
கர்வம் karvəm=pride.
சர்வம் sarvəm=all; the whole.
பர்வதம் parvadəm=a hill; mountain.
சவம் ʃ³avəm=corpse; a dead body.
நவம் navəm=newness; novelty.
சவக்கடல் ʃ³avak:aḍəl=the Dead Sea.
தவழ்தல் tavaɹdəl=crawling.
தவ்வல் tav:əl=hopping.
சக்கரம் வட்டம்=the wheel (is) round.
வட்டக்கல் vaṭ:ak:əl=a round stone.
நல்ல வழக்கம்=good habit.
சர்வ வல்லவர்=The Almighty.
கர்த்தர் சர்வவல்லவர்=The Lord is almighty

Lesson 12

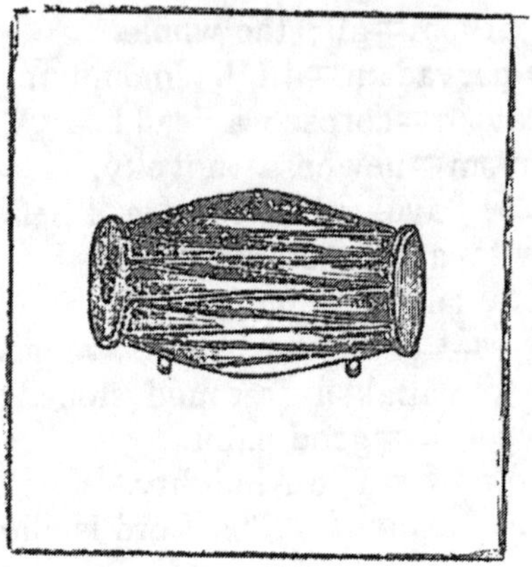

மத்தளம்

ள் ள

ḷ ḷa

மத்தளம் mat:aḷəm is a kind of drum. The difference in pronunciation between ல, ள and ழ should be carefully observed.

(1) ல la. Bring the tongue to the ridge of the teeth and pronounce a soft *l*. e.g. மலர் malər=full blown flower. (Vide Lesson 5).

(2) ள ḷa. The tongue should be curled round as far back as possible, e.g. களம் kaḷəm=thrashing floor.

(3) ழ ɹ. Apply the tip of the tongue as far back as you can to the palate and pronounce it like *rl* in curl with a mixture of *sh*. e.g. பழம் paɹəm=ripe fruit. (vide lesson 4).

Exercise

மத்தளம் mat:aḷəm = a kind of drum.
கம்பளம் kambaḷəm = woollen blanket.
பவளம் pavaḷam } = coral.
பவழம் pavaẓəm }
உப்பளம் up:aḷəm = salt factory.
சம்பளம் ʃambaḷəm = salary ; wages.
கவளம் kavaḷəm = a mouthful.
கல் kal = a stone.
கள் kaḷ = toddy.
கள்ளம் kaḷ:əm = falsehood ; theft.
கள்ளர் kaḷ:ər = thieves.
மகள் maxəḷ = daughter.
பள்ளம் paḷ:əm = a ditch ; pit.
வள்ளம் vaḷ:əm = a canoe made of the trunk of a tree.
வளம் vaḷəm = beauty ; fertility.
வளப்பம் vaḷap:əm = richness of soil etc.
களம் kaḷəm = thrashing floor.
கலம் kaləm = a vessel.
களர் kaḷər = barren ground.
கலர் kalər = colour.
உள்ளம் uḷ:əm = the mind.
உல்லம் ul:əm = sable fish.
தளம் taḷəm = the flat roof of a house ; a terrace.
தலம் taləm = a place ; site.
மத்தள சத்தம் = drum-sound.
நல்ல மத்தளம் = a good drum.

Lesson 13

ஊர்

ஊ

u:

ஊர் u:r is a common name for a village, town or a country, ஊ is to be pronounced like *oo* in school or *u* in rule. Its corresponding short vowel is உ. (vide lesson 10).

Exercise

ஊர் u:r=a village; town; country.

ஊர்கள் u:rxəḷ=villages; towns; countries. கள் is a plural suffix e.g. கப்பல்=a ship. கப்பல்கள்=ships கடல்=a sea; கடல்கள்=seas. The word கள் by itself means toddy.

ஊக்கம் u:k:əm=energy; perseverance.

ஊமத்தம் u:mat:əm=name of a narcotic plant—Datura.

ஊழல் u:ɻəl=disorder.

ஊசல் u:səl=a swing.

பல ஊர்கள்=different villages, towns or countries.

ஊர்வழக்கம்=local usage.

ஊர்ப் பழக்கம்=local acquaintance.

Lesson 14

வயல்

ய்   ய

j   ja

வயல் vajəl is a paddy-field. Compare the shape of ய with the English E.

Exercise

யகரம் jaxarəm = the name of the letter ய (vide lesson 10)

ஈயம் i:jəm = lead.

உதயம் udajəm=the rising of the sun; dawn.
உயரம் ujarəm=height.
உயர்ந்த ujarndə=high; tall.
கடயம் kaḍajəm=a bracelet.
சமயம் ʃˢamajəm=opportunity; any religious sect. (e.g. Saiva சமயம்)
நயம் najəm=cheapness; fineness.
பயம் pajəm=fear.
பயல் pajəl=a youth; boy.
மயக்கம் majak:əm=giddiness; intoxication.
மய்யம் maj:əm=the middle.
உயர்ந்த ஈச்சமரம்=a tall date tree.
உயர்ந்த கட்டடம்=a high building.
நல்ல சமயம்=a good opportunity.
கள் மயக்கம்=toddy-giddiness; intoxication.
வயல் பக்கம் களம்=the thrashing floor (is) by the side of the field.

Lesson 15

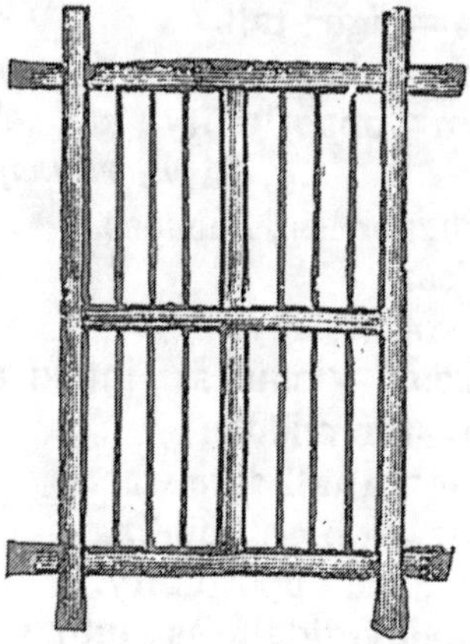

சன்னல்

ன்   ன

n   na

சன்னல் ʃan:əl=a window. ன is generally pronounced like ந and the two letters are occasionally interchanged in spelling. The nice distinction between ன and ந is usually ignored. To pronounce ந bring the tip of the tongue to the lower edge of the upper teeth and pronounce a soft *n*; e.g. நகம். To pronounce ன apply the tip of the tongue to the ridge of the teeth and pronounce a distinct *n*; e.g. தனம். The acoustic effect is indistinguishable.

ன always occurs at the middle or end of a word and never at the beginning. On the other hand ந is never found at the end, but always at the beginning or middle of a word. e.g. சந்தனம்; நல்லவன்.

Exercise

கனம் kanəm = weight; honour.
தனம் tanəm = wealth.
மனம் manəm = the mind.
மனனம் mananəm = meditation.
சனம் ʃ^{3}anəm = people.
சனனம் ʃ^{3}ananəm / சன்மம் ʃ^{3}anməm or more correctly dʒananəm / dʒanməm = birth.
வசனம் vasanəm = verse; text; or sentence.
கவனம் kavanəm = attention.
தகனம் taxanəm = burning; combustion.
தவனம் tavanəm = thirst.
பதனம் padanəm = caution.
கனத்த kanat:ɔ = heavy.
நடனம் naḍanəm = dancing.
வனம் vanəm = forest.
நந்தவனம் nandavanəm = a flower garden.
நரன் narən = man.
நரம்பன் narambən = a meagre, emaciated person.
பலன் paˡən = gain; reward.
கடன் kaḍən = debt.
உன் un = your.
ஊன் u:n = fat; all kinds of flesh.
ஊனம் u:nəm = defect; maim.
உன்னதம் un:adəm = eminence.
சன்னம் ʃ^{3}an:əm = smallness; fineness.
கன்னம் kan:əm = cheek; an instrument for breaking into houses.
மன்னன் man:ən = king.
தகப்பன் taxap:ən = father.
வந்தனம் vandanəm = greeting.
சந்தனம் ʃ^{3}andanəm = sandal wood.
சகலன் ʃ^{3}axalən = / சகளன் ʃ^{3}axaḷən = one married to one's wife's sister.
மன்மதன் manmadən = The Hindu Cupid.
உன் மகன் = your son.
உன் மகள் = your daughter.

உன் மக்கள் = your children.
உன் தகப்பன் = your father.
உன் சகலன் = your sister-in-law's husband.
சன்னல் சட்டம் = window frame.
கன்னப்பள்ளம் = the hollow of the cheek.
வரதன் நல்லவன் = Varadan is a good fellow.
வரதன் நல்ல பய்யன் = Varadan is a good boy.
வரதன் Varadən is the name of a person. Literally it means one who gives; giver. The termination ன் usually signifies masculine singular of rational beings (i.e. men, gods and infernals who are treated in Tamil grammar as high caste) e.g. பக்தன் = a devotee. பரமன் = god; கரன் = name of a Rakshasa.

Lesson 16

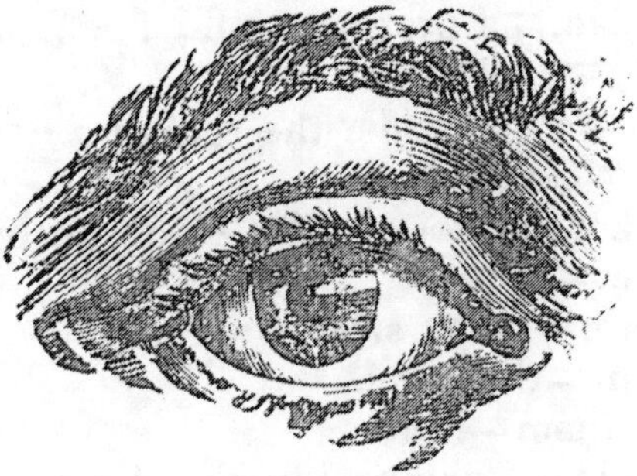

கண்

ண்　　　ண

ṇ　　　ṇa

கண் kaṇ is the eye, the organ of vision. The difference between ண் and ன் should be carefully noted. To pronounce ண் correctly turn the tip of the tongue as far back as you can and pronounce a strong *n*. To pronounce ன் apply the tip of the tongue to the ridge of the teeth and pronounce a distinct *n* as in tin, pin etc.

ன் and ண் are never found at the beginning of a word.

Exercise

கண் kaṇ = the eye.
மண் maṇ = soil, earth.
உண் uṇ = eat.
உன் un = your.
ஊண் u:ṇ = food.
ஊன் u:n = fat.
கண்ணன் kaṇ:ən = name of a person; literally, 'one who has eyes'.

கண்டம் kaṇḍəm=a slice; continent; neck.
பண்டம் paṇḍəm=a thing.
தண்டம் taṇḍəm=a prop; a staff; fine; penalty.
கவண் kavəṇ=a sling.
பரண் parəṇ=a loft under the roof of a house.
பரன் parən=God.
கரண்டகம் karaṇḍaxəm=a little box for betel chunam.
பணம் paṇəm=money.
மணம் maṇəm=sweet smell; marriage.
மனம் manəm=the mind.
மரணம் maraṇəm=death.
கரணம் karaṇəm=gambol; tricks of a rope dancer.
சரணம் ʃ³araṇəm=refuge; shelter.
பயணம் pajaṇəm=a journey; march.
கணக்கன் kaṇak:ən=accountant.
கணவன் kaṇavən=husband.
வணக்கம் vaṇak:əm=adoration; reverence.
மணல் maṇəl=sand.
சணல் ʃ³aṇəl=hemp.
தணல் taṇəl=தழல் live coal.
மண்டபம் maṇḍabəm=an open court opposite to a temple.
மண்டலம் maṇḍaləm=a region; country; circle.
பட்டணம் paṭ:aṇəm=a city.
வண்டல் vaṇḍəl=sediment.
வண்ணம் vaṇ:əm=method; beauty.
வர்ணம் varṇəm=colour.
கண்ணனின் கண்கள்=Kannan's eyes.
நகக்கண்=that part of the finger which is under the nails.
வன்கண்=envy.
கண்டசரம்=a necklace.
மணமகன்=bridegroom.
மணமகள்=bride.
மணமக்கள்=bride and bridegroom.
லந்தன் பட்டணம்=the city of London.

Lesson 17

1	2	3	4	5
6	7	8	9	10

எண்கள்

எ

e ɐ

எண்கள் ɐṇgəḷ=numbers. எ to be pronounced ɐ (open mixed) when it comes before retroflex consonants and ẹ (half close front) before other consonants.

Exercise

எண்கள் ɐṇgəḷ=numbers.
எண் ɐṇ=number; arithmetic.
என் en=my. என்ன? ennə=what?
எள் ɐḷ=sesame.
எவன்? evən=who? (masculine).

எவள் ? evəḷ = who ? (feminine).
எவர் ? evər = who ? (masculine, polite form).
எவர்கள் ? evarxəḷ = who ? (plural for rational beings only).
எச்சம் etʃ:əm = the excrement of birds, lizards, rats, etc.
எத்தனம் et:anəm = effort.
எக்கச்சக்கம் ek:atʃ:ak:əm = confusion ; random.
எமன் emən = the god of death, Yama.
எத்தன் et:ən = one who deceives ; a humbug.
எண்ணம் ɐṇ:əm = intention.
உன் எண்ணம் என்ன ? = what is your intention ?
என் எண்ணம் நல்ல எண்ணம் = my intention is a good intention.
உன் உடன் வந்தவர் எவர் ? = who was the gentleman who came with you ?
என் உடன் வந்தவர் என் ஊர் கணக்கர் = he who came with me is my village accountant.

Lesson 18

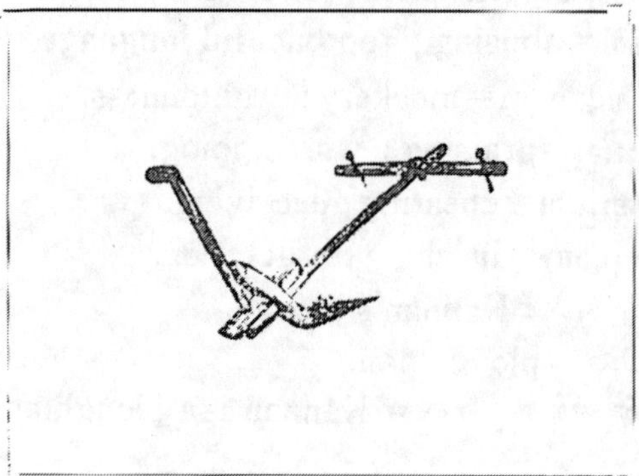

ஏர்

ஏ

e: 𝔢:

ஏர் e:r=a plough. It is said that ஏ was originally written thus ⁻|. Compare the English A with this form.

Exercise

ஏர் e:r=a plough.
ஏன் ? e:n=why ? wherefore ?
ஏனம் e:nəm=a vessel ; a hog.
ஏலம் e:ləm=auction ; cardamom.
ஏகம் e:xəm=unit ; one.
ஏக்கம் e:k:əm=craving ; an eager desire.

ஏகன் e:xən = The One ; God.
ஏக வசனம் e:xəvasaṇəm = one word ; truth.
ஏசல் e:səl = abusing ; reproachful language.
ஏளனம் ʊ:ḷanɔm = mockery ; wantonness.
ஏத்தல் e:t:əl = praising ; worshipping.
ஏய்த்தல் e:jt:əl = cheating ; deceiving.
ஏப்பம் e:p:əm = belching ; eructation.
கண்ணன் ஏர் = Kannan's plough.
ஏர் உழவன் = ploughman.
கண்ணன் ஏர் உழவன் = Kannan is a ploughman.

Lesson 19

ஏற்றம்

ற் ற

ṟ, t ṟa

ஏற்றம் e:tṟəm (a kind of water lift.) ற்ற to be pronounced like *tr* in *patron*; ordinarily common people pronounce it like *tt*, e.g. e:t:əm.

ற when doubled is pronounced like tr (e.g.) ஏற்றம் e:tṟəm; வற்றல் vatṟəl, but when it is single it is pronounced like a rough *r* e.g. உறக்கம் uṟak:əm கற்கள் kaṟkəḷ; when it is combined with ன் it is pronounced like *dr* e.g. ஊன்றல் u:ndṟəl (planting). The *d* sound is introduced here for the sake of euphony.

The difference in pronunciation between ர and ற should be carefully noted. ர to be pronounced like a soft or a single *r* and ற like a rough or double *r*. ர is never doubled like ற. The two are not interchangeable. If ர is used instead of ற the meaning will be altered. e.g. மரம் = a tree; மறம் = violence; sin. Compare the shape of ற with that of R.

Exercise

கற்றல் katṛəl = the act of learning.
கட்டல் kaṭ:əl = the act of tying.
கத்தல் kat:əl = the act of crying.
வற்றல் vatṛəl = dried fruit.
கற்றவன் katṛavən = learned man.
கற்றவள் katṛavəḷ = learned woman.
கற்றவர் katṛavər = learned men (polite form).
கற்றவர்கள் katṛavərxeḷ = learned people.
மற்றவர்கள் m:atṛavərxəḷ = others.
ஊற்றல் u:tṛəl = pouring.
ஊன்றல் u:ṇdrəl = planting.
ஊட்டல் u:ṭ:əl = feeding.
ஊறல் = u:ṛəl = itching sensation.
ஊர்தல் u:rdəl = crawling.
உற்சவம் urtʃavəm = festival.
உறக்கம் uṛak:əm = sleep.
ரத உற்சவம் = car festival.
கற்றவர்கள் நல்லவர்கள் = the learned are good people.
ஈக்கள் பறந்தன = the flies flew.
எட்வர்ட் என்ற பய்யன் = the boy named Edward.

When words ending in ல் are combined with or followed by words beginning with க, ச or ப the final ல் is changed into ற். e.g. கல் + கம்பம் = கற்கம்பம் (stone pillar); நல் + சமயம் = நற்சமயம் (good opportunity); கடல் + பக்கம் = கடற் பக்கம் (sea side).

When ல் is followed by த both are changed into ற் ற. e.g.

நல் + தவம் = நற்றவம். Wholesome penance.
கல் + தளம் = கற்றளம். Stone pavement.

The custom of not changing ல் into ற் but doubling the following letters க, ச, த, ப, as கல்க்கம்பம், கடல்ப்பக்கம், etc., is not authorized and ought to be abandoned.

Lesson 20

பழங்கள்

ங்   ங

ŋ   ŋa

பழங்கள் paɻaŋgəḷ=fruits. *ங்* is pronounced like *ng* in king.

Exercise

பழங்கள் =(*பழம்*+*கள்*) fruits.
படங்கள் =(*படம்*+*கள்*) pictures.
மரங்கள் maraŋgəḷ=(*மரம்*+*கள்*) trees.
உங்கள் uŋgəḷ=your (plural)
எங்கள் eŋgəḷ=our.
ஏங்கல் e:ŋgəl=weeping ; wailing ; grieving.

மங்கல் maŋgəl = growing pale; decaying.
தங்கல் taŋgəl = stopping; resting.
தயங்கல் tajaŋgəl = wavering; shaking.
தங்கம் taŋgəm = pure gold.
சங்கம் ʃ³aŋgəm = association; society.
சங்கடம் ʃ³aŋgaɖəm = difficulty; trouble.
மங்களம் maŋgaɭəm = matrimony; prosperity; auspiciousness.
கங்கணம் kaŋgaɳəm = bracelet.
ஙகரம் ŋaxarəm = the letter ங (vide lesson 10).
எங்ஙனம்? eŋ:anəm = where?
மரங்கள் வளர்ந்தன = the trees grew.
தங்கக் கம்மல் = gold கம்மல். (kammal made of gold).
உங்கள் ஊர் எந்த ஊர்? = which village is your village?
எங்கள் ஊர் தங்க நகரம் = our village is 'Thanganakaram (literally golden city).

When words ending in ம் are joined to words beginning with க the ம் is usually changed into ங் for the sake of euphony e.g. பழம் + கள் = பழங்கள். In certain cases it is changed also into க் e.g. நகம் + கண் = நகக்கண்.

Lesson 21

ஊஞ்சல்

ஞ்　　　ஞ

ɲ　　　ɲa

ஊஞ்சல் u:ndʒel = a swing. The pronunciation of ஞ cannot be correctly expressed in English. It should be learnt from the mouth of a Tamilian. It is something like the Spanish or the Italian g*n*. ச after ஞ் is pronounced like the English *j*. (dʒ) (vide lesson 6). In this case the preceding ŋ is pronounced like n.

Exercise

ஊஞ்சல் u:ndʒəl = a swing.
மஞ்சள் mandʒəḷ = yellow; turmeric
தஞ்சம் tandʒəm = refuge.
பஞ்சம் pandʒəm = famine.

பஞ்சரம் pandʒarəm=a cage.
சஞ்சலம் ʃ^{3}andʒaləm=distress of mind.
வஞ்சகன் vandʒaxən=a deceiver.
மஞ்சம் mandʒəm=a bed-stead ; a cot.
ஞகரம் ɲaxárəm=the letter ஞ. (vide lesson 10).
ஞயம் ɲajəm=நயம் najəm=cheapness.
ஞமன் ɲamən=யமன் jamən = Yama, the god of death.
ஊஞ்சல் வடம் = swing-rope.
தஞ்ச நகரம் =name of a town, meaning city of refuge.
மஞ்சள் வர்ணம் =yellow colour.
பஞ்சவர்ணம் =five colours (black, red, green, yellow and white).

When words ending in ம் are joined to words beginning with ச the ம் is usually changed into ஞ் for the sake of euphony e.g. பழம்+சக்கரம்=பழஞ் சக்கரம் (an old wheel). In certain cases it is changed into ச் e.g. மரம்+சட்டம்=மரச் சட்டம் (wooden frame.)

Lesson 22

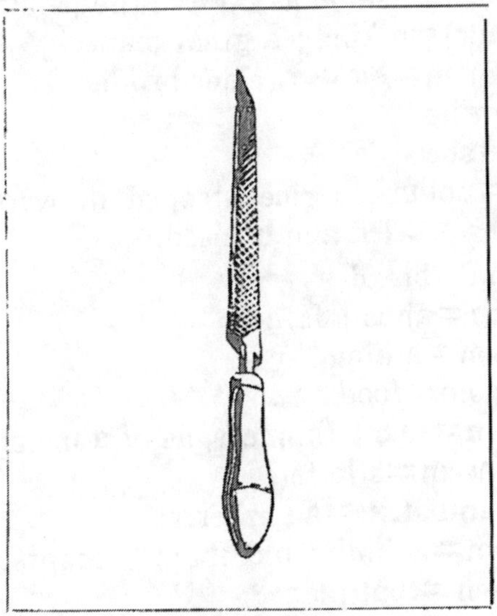

அரம்

அ

a

அரம் arəm = a file. அ is the first letter of the Tamil alphabet. Observe the slight resemblance between அ and the Greek *α*. The latter has a round belly while the former has a long one.

Exercise

அரம் arəm = file.
அறம் aṛəm = virtue (தர்மம்).
அகரம் axarəm = the letter அ (vide lesson 10).
அகம் axəm = place ; inside : the mind.

அணம் aṇəm = the palate or roof of the mouth.

அணல் aṇəl = the lower part of the mouth.

அண்ணம் aṇ:əm = same as அணம், the palate.

அண்ணல் aṇ:əl = a king; a great man.

அண்ணன் aṇ:ən = தமயன், elder brother.

அவன் avən = he

அவள் avəḷ = she

அவல் avəl = unhusked rice steeped in water and then dried and bruised.

அப்பம் ap:əm = bread

அப்பன் ap·ən = abba; father.

அரசன் arasən = a king.

அசனம் asanəm = food.

அச்சம் atʃ:əm = fear; thinness, as of a metal plate.

அட்சரம் atʃarəm = a letter.

அம்பட்டன் ambaṭ:ən = a barber.

அங்கம் aŋgəm = a limb; member; a chapter or division.

அங்கண் aŋgəṇ = that place.

அந்த andə = that.

அந்தணர் andaṇər = Brahmins.

அற்பம் aṛpəm = a trifle.

அற்பன் aṛpən = a mean worthless man.

அற்பத்தனம் aṛpat:anəm = meanness.

அக்கம்பக்கம் ak:ambak:əm = everyside.

அன்னம் an:əm = food; swan.

அந்த அரம் = that file.

அந்த அரசன் = that king.

அந்த மரம் = that tree.

அந்த மரங்கள் = those trees.

அந்த அரசர்கள் = those kings.

அவள் உன் மகள் = she is your daughter.

அவன் என் மகன் = he is my son.

அவர்கள் உன் மக்கள் = they are your children.

அவன் என் அண்ணன் = he is my elder brother. ன் usually denotes the masculine and ள் the feminine singular of persons e.g., அவன் = he. அவள் = she.

Lesson 23

ஆலமரம்

அ ஆ

a. a:

ஆலமரம் a:lamarəm = a banyan tree. ஆ is more to the front than *a* in father.

Exercise

ஆ a: = the second letter in the Tamil alphabet; an interjection of pity, regret, admiration etc.; a cow.

ஆம் a:m = yes.
ஆண் a:ṇ = a male, whether human or animal.
ஆல் a:l = ஆலமரம், a banyan tree.
ஆள் a:ḷ = a person.
ஆவல் a:vəl = longing.

ஆரம் a:rɔm = a garland; the ring round the neck of some birds.
ஆணம் a:ṇəm = broth; soup.
ஆழம் a:ɹəm = depth.
ஆணவம் a:ṇavəm = egotism.
ஆகமம் a:xamәm = sacred writings.
ஆசனம் a:sanəm = a seat.
ஆட்டம் a:ṭ:əm = shaking; dancing; play.
ஆப்பம் a:p:əm = kind of rice cake.
ஆலயம் a:lajɔm = place of worship; temple.
ஆண்டவர் a:ṇḍavər = God; One who reigns.
ஆடம்பரம் a:ḍambarəm = pomp; parade.
ஆபரணம் a:baraṇəm = ornament; jewels.
ஆயத்தம் a:jat:əm = preparation.
ஆரம்பம் a:rambəm = beginning.
ஆநந்தம் a:nandəm = joy; bliss; felicity.
ஆலம் பழம் = ripe fruit of the banyan tree.
அவன் ஆர்? = who is he?
அவள் ஆர்? = who is she?
அந்த ஆள் ஆர்? = who is that person?
ஆண்டவர் நல்லவர் = God is good.

Lesson 24

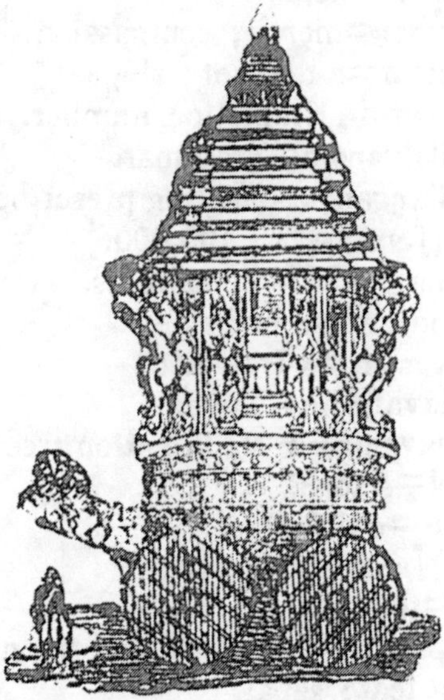

இரதம்

அ	ஆ	இ
a	a:	i, ï

இரதம் iradəm = a chariot or a car. இ is ordinarily pronounced like *i* in 'in'; but before retroflex consonants it is pronounced *Ï* (close mixed). It is the third letter in the Tamil alphabet.

Exercise

இடம் ïḍəm = a place; the left side.
இடர் ïḍər = affliction; calamity.

இனம் inəm=a genus; kindred.
இன்பம் inbəm=pleasure; happiness.
இரத்தம் irat:əm=blood.
இரக்கம் irak:əm=mercy; compassion.
இறக்கம் ïṛak:əm=a descent; slope.
இலக்கம் ilak:əm=arithmetic; number.
இலக்கணம் ilak:aṇəm=grammar.
இலங்கணம் ilaŋganəm=fasting prescribed to sick people.
இலட்சம் ilaṭʃəm=a lac, 100,000.
இலட்சணம் ilaṭʃaṇəm=comeliness.
இலஞ்சம் ilandʒəm=a bribe.
இலவசம் ilavasəm=a free gift.
இலவங்கம் ilavaŋgəm=clove.
இலவ மரம் ilavamarəm=silk cotton tree.
இரவல் iravəl=a loan.
இரசம் irasəm=quicksilver.
இரட்சகர் iraṭʃaxər=saviour.
இகம் ixəm=this world.
இகபரம் ixaparəm=this world and the next.
இதழ் idəɹ=a leaf; sepal.
அதழ் adəɹ=petal. அதள் adəḷ=a bark; skin.
அந்த=that.
இந்த=this.
எந்த?=which?
அவன்=he; that man.
இவன்=he; this man.
எவன்?=who? which man?
அங்ஙனம்=that place; there.
இங்ஙனம்=this place; here.
எங்ஙனம்?=which place? where?
இம்மரம் என்ன மரம்?=what tree is this tree?
இம்மரம் ஆலமரம்=this tree is a banyan tree.

The initial அ, இ, எ denote respectively things *distant*, things *near* and *interrogation*. These three letters may be prefixed to any noun, in which case the initial letter of the noun is generally doubled. e.g. அ+நகரம்=அந்நகரம் that city; இ+நகரம்=இந்நகரம் this city; எ+நகரம்=எந்நகரம்? which city?

Lesson 25

ஐயர்

ஐ

ai

ஐயர் aijər = a priest; the caste title of a section of Brahmins
ஐ to be pronounced like i in fine. ஐ = அய். ஐயர் = அய்யர்.

Exercise

ஐயன் aijən = a teacher; a guru; a king; a father; an elderly person.

ஐயம் aijəm = doubt; alms.

ஐவர் aivər = five persons.

ஐங்கரன் aiŋgarən = Pillayar—one of the Hindu gods.

இவர் சங்கர ஐயர் = this gentleman is Sankara Ayyar.

அவர் ஏரன் ஐயர் = that gentleman is the Rev. Mr. Aaron.

ஐயர் ஐவர் வந்தனர் = five priests came.

Lesson 26

ஒட்டகம்

ஒ o

ஒட்டகம் oṭ:axəm=a camel. ஒ to be pronounced like *o* in molest, compare ஒ with the Greek Ω (omega).

Exercise

ஒட்டகம் oṭ:axəm=a camel.
ஒட்டகங்கள் oṭ:axaŋgəḷ=camels.
ஒட்டன் oṭ:ən=an oddan.
ஒட்டர் oṭ:ər
ஒட்டர்கள் oṭ:ərxəḷ } =Oddans, name of a class of people who are mainly tank-diggers and earth workers.

ஒட்டம் oṭ:əm=a conical pile left by tank-diggers in order to ascertain the depth of their work.
ஒட்டல் oṭ;əl=joining; sticking.
ஒன்றல் ondṛəl=uniting; coalescing.
ஒற்றர் otṛər=spies; emissaries.

ஒப்ப op:ə = like–a particle of comparison
ஒப்பம் op:əm = comparison; resemblance.
ஒப்பந்தம் op:andəm = contract.
ஒகரம் oxarəm = the name of the letter ஒ. (Vide lesson 10.)
ஒட்டகம் உயரம் = the camel is tall.
உயர்ந்த ஒட்டகம் = tall camel.
ஒட்டக உயரம் = as tall as a camel.
அவன் ஒட்டக உயரம் வளர்ந்தவன் = he is one who has grown up as tall as a camel.

The plural is usually formed by adding the syllable கள் to the singular with due observation of the rules of the changes and augmentation of letters, e.g. கண் (singular), கண்கள் (plural); பழம் (singular), பழங்கள் (plural); கல் (singular), கற்கள் (plural); ஈ (singular), ஈக்கள் (plural).

If the singular ends in ன் and the noun is of the high caste (men, gods or infernals), ன் is changed into ர், to which கள் may be added. e.g. அரசன் (singular), அரசர் or அரசர்கள் (plural); ஒட்டன் (singular), ஒட்டர் or ஒட்டர்கள் (plural) (Vide lesson 15).

Lesson 27

ஓடம்

ஒ ஓ

o. o :

ஓடம் o:ḍəm=a boat, a raft, a float etc. ஓ to be pronounced o long ; o :

Exercise

ஓடம் o:ḍəm=a boat, raft or float.
ஓட்டம் o:ṭ:əm=running.
ஓரம் o:rəm=edge ; border.
ஓமம் o:məm=sison or Bishop's weed ; a burnt offering.
ஓதம் o:dəm=dampness, as of a floor.
ஓலம் o:ləm=sound ; crying ; wailing.
ஓய்தல் o:jdəl=cessation.

ஓமல் o:məl=report; rumour.
ஓர் o:r=one.
ஓர் ஓடம்=one boat.
கடல் ஓரம்=sea side.
ஓரக்கண்=a squint eye.
ஓரக்கண்ணன்=one who is squint eyed.
பந்தய ஓட்டம்=running race.
ஓம மண்டபம்=a sacrificial hall.
ஊர் ஓமல்=common talk of the town.

Lesson 28

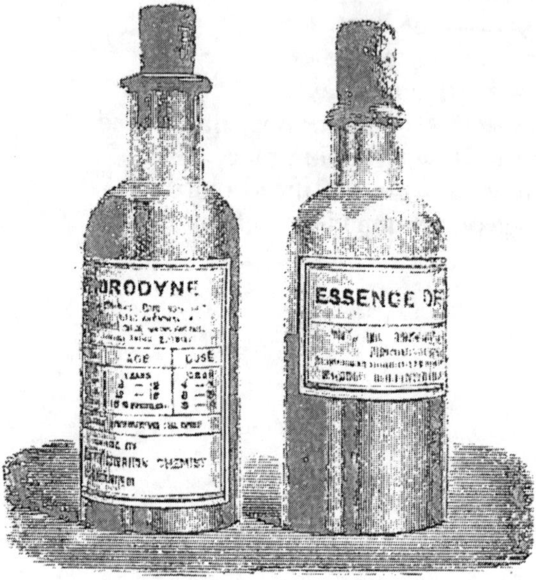

ஔடதம்

ஒ ஓ ஔ

o. o: au.

ஔடதம் audadam = medicine. ஔ to be pronounced like ow in *fowl*. Note the difference between ஊ and ஔ.

Exercise

ஊமத்தம் ஓர் ஔடதம் = Datura is a medicine.
ஓமம் ஓர் நல்ல ஔடதம் = Bishop's **weed is a good medicine.**
மஞ்சள் ஓர் நல்ல ஔடதம் = Turmeric **is a good medicine.**

Lesson 29

உயிர் எழுத்துக்கள். Vowels.

அ ஆ இ ஈ உ ஊ

எ ஏ ஐ ஒ ஓ ஔ

மெய்யெழுத்துக்கள். Consonants.

க் ங் ச் ஞ் ட் ண்

த் ந் ப் ம் ய் ர்

ல் வ் ழ் ள் ற் ன்

அகரமேறின உயிர்மெய்யெழுத்துக்கள். Syllables with அ.

க ங ச ஞ ட ண

த ந ப ம ய ர

ல வ ழ ள ற ன

In writing, when a vowel follows a consonant it loses its initial form and coalesces with the consonant, assuming a different form. It is then called a vowel-consonant (*ujir mei*=a living body).

In the case of the short vowel அ it is to be noted that it is inherent in every consonant. Remove the sign · · from க், ங், ச், etc., and they become க, ங, ச, etc.

The above order of the vowels and consonants should be remembered so that the student may easily refer to Dictionaries and find out the meanings of new words.

The 12 vowels and the 18 consonants are called *Primary letters*.

Of the 12 vowels, 5 viz. அ, இ, உ, எ and ஒ are short and 7 viz. ஆ, ஈ, ஊ, ஏ, ஐ, ஓ and ஔ are long.

Of the 18 consonants 6 (க், ச், ட், த், ப் and ற்) are non-nasal consonants, 6 (ங், ஞ், ண், ந், ம் and ன்) are nasal consonants and 6 (ய், ர், ல், வ், ழ் and ள்) are medial consonants or Cervicals or Liquids.

The following are kindred or cognate letters :—

Long vowel.	Its kindred short vowel.
ஆ	அ
ஈ	இ
ஊ	உ
ஏ	எ
ஓ	ஒ
ஐ	இ
ஔ	உ

ஐ = அ + இ ; ஔ = அ + உ, and hence இ and உ are treated as cognate letters of ஐ and ஔ respectively.

Non-nasal consonant.	*Its kindred nasal consonant.*
க்	ங்
ச்	ஞ்
ட்	ண்
த்	ந்
ப்	ம்
ற்	ன்

The medial consonants have no kindred or cognate letters.

Lesson 30

காகம்

ஆ = ா ; க் + ஆ = கா

காகம் ka:xəm = a crow: It is also called காக்காய் ka:k:a:j

The long ஆ is changed into ா when it follows the undermentioned 15 consonants க், ங், ச், ஞ், ட், த், ந், ப், ம், ய், ர், ல், வ், ழ், and ள் as கா ka:, ஙா ŋa:, சா ʃa:, ஞா ɲa:, டா ḍa:, தா ta:, நா na:, பா pa:, மா ma:, யா ja:, ரா ra:, லா la:, வா va:, ழா ɹ̣a:, ளா ḷa:

Exercise

கால் ka:l = leg; a fourth part of a unit.

ஙா ŋa: There is no word in the Tamil language in which this letter occurs. In fact the consonant ங் is never used with a vowel, but is always mute, except in the word இங்ஙனம்.

சாதம் ʃa:dəm = boiled rice.

ஞானம் ɲa:nəm = wisdom; knowledge.

கடாய் kaḍa:j or கடா kaḍa: = the male of the buffaloe, sheep or goat.

தாத்தா ta:t:a: = grandfather.
நாய் na:j = a dog.
பாய் pa:j = a mat.
மாமா ma:ma: = the mother's brother.
யார்? ja:r = who? Int. pron.
இராயன் ira:jən = a king.
இலாபம் ila:bəm = profit; gain.
வால் va:l = a tail.
அழாமல் வா a.ɪa:məl va: = come without weeping.
உள்ளான் uḷ:a:n = a kind of snipes—colapax.

The difference between the short அ and the long ஆ should be carefully noted.

அசனம் asanəm = food.
ஆசனம் a:sanəm = a seat.
கலம் kaləm = a vessel.
காலம் ka:ləm = time.
சரம் ʃ³arəm = a string with the things on it.
சாரம் ʃ³a:rəm = juice; scaffolding; savour.
ஞயம் ŋajəm = நயம், advantageousness; cheapness.
ஞாயம் ŋa:jəm = right; equity.
தனம் tanəm = wealth.
தானம் ta:nəm = place; gift in charity.
நகம் naxəm = finger or toe nail.
நாகம் na:xəm = a cobra.
பல் pal = a tooth.
பால் pa:l = milk.
மடம் maḍəm = a monastery or nunnery; a caravansary for pilgrims.
மாடம் ma:ḍəm = a niche in a wall; a house.
சலம் ʃ³aləm or dʒaləm = water; motion; mobility.
சலாம் ʃ³ala:m = peace; a word of salutation.
வனம் vanəm = a grove; wilderness.
வானம் va:nəm = firmament.

1. ஐயா! இந்த காக்காய் என்ன காக்காய்? Sir, what (kind of) crow is this crow?

2. இந்த காக்காய் சாதாரண காக்காய் அல்ல. This crow is not the common crow.

3. இந்த காக்காய் அண்டங்காக்காய். This crow is a jet-black crow.

Lesson 31

வண்ணான்

ஆ=ா ; ண்+ஆ=ணா ; ற்+ஆ=றா

வண்ணான் vaṇ:a:n=a dhoby ; washerman. The long ஆ is changed into ா when it follows the consonants ண், ற் and ன், as ண்+ஆ=ணா ; ற்+ஆ=றா ; ன்+ஆ=னா.

Exercise

அணா aṇa := Anna ; $\frac{1}{16}$ of a rupee.
அண்ணா aṇ:a:=elder brother (Vocative).
ஓணான் o:ṇa:n=a blood-sucker.

இறால் ịra:l = a prawn.
கறார் kaṛa:r = limit ; fixed price.
உற்றார் utṛa:r = relations.
இனாம் ina:m = a gift.
இனம் inəm = species ; kindred.
கனா kana: = a dream.

1. இராமா, வண்ணான் வந்தானா? = Rama, did the dhoby come ?
2. ஆம், அண்ணா, வண்ணான் வந்தான் = Yes, elder brother, the dhoby came.
3. உங்கள் வண்ணான் நல்ல வண்ணானா? = Is your dhoby a good dhoby ?
4. ஆம், எங்கள் வண்ணான் நல்ல வண்ணான் = Yes, our dhoby is a good dhoby.

Lesson 32

அ a.	ஆ a:
க	கா
ங	ஙா
ச	சா
ஞ	ஞா
ட	டா
ண	ணா
த	தா
ந	நா
ப	பா
ம	மா
ய	யா
ர	ரா
ல	லா
வ	வா
ழ	ழா
ள	ளா
ற	றா
ன.	னா

Lesson 33

மயில்

இ = ி ; க் + இ = கி

ி ; ட் + இ = டி

மயில் Majil=a peacock or peahen. When இ is added to a consonant its upperpart ி only is attached to it, thus கி, ஙி, சி, ஞி, டி, ணி, தி, நி, பி, மி, யி, ரி, லி, வி, ழி, ளி, றி, னி.

Note the slight variation in டி and compare ி with the English *i*.

Exercise

கிண்ணம் kiṇ:əm=a small metal bowl.
ஙி ŋi=the letter ஙி, never used.
சிரி ʃ^{3}iri=laugh.
ஆஞி a:ŋi=a father.
இடி ï ḍi=a thunderbolt ; a shock ; a blow.

மணி maṇi = a gem; a bell; a grain.
கண்மணி = apple of the eye.
திகில் tixil = terror; alarm.
நிறம் niṛəm = a colour.
பிசின் pisin = gum; resin.
மின்னல் min:əl = lightning.
பயிர் pajir = corn while growing; herbs; vegetables.
நரி nari = a fox.
எலி eli = a rat.
விசிறி visiṛi = a fan.
வழி vaɹi = way.
கிளி kiḷi = a parrot.
கறி kaṛi = curry.
மரக்கறி = vegetable curry.
கனி kani = a mine; ripe fruit.
கனிகாலம் = the fruit season.
கன்னி kan:i = a virgin; a maiden.

1. இராமா! இந்தப் படம் என்ன படம்? = Rama, what picture is this picture?
2. இந்தப் படம் மயில் படம் = This picture is the picture of a peacock.
3. மயில் அழகான பட்சி = The peacock is a beautiful bird.
4. மயில் இறகில் பல வர்ணங்கள் பார்க்கலாம் = Different colours are seen on the peacock's feather.

The Locative case or the ablative of place is expressed by the termination இல் or இடத்தில். e.g. அவன் என்னிடத்தில் வந்தான் = He came to me (literally, at my place). கடல் ஓரத்தில் மணல் அதிகம் = There is much sand at the sea shore.

Lesson 34

மீன்

ஈ = ீ ; க் + ஈ = கீ

மீன் mi:n = a fish.

The long ஈ when added to consonants is changed into ீ thus:— கீ, ஙீ, சீ, ஞீ, டீ, ணீ, தீ, நீ, பீ, மீ, யீ, ரீ, லீ, வீ, ழீ, ளீ, றீ, னீ.

Exercise—அப்பியாச பாடம்

கீரி ki:ri = a mongoose.
ஙீ ŋi: = the letter ஙீ, never used.
சீக்கிரம் ʃ[s]i:k:irəm = haste ; swiftness.
ஆஞீ a:ɲi: = Papa (vocative case), a term of endearment used generally in addressing little boys.
கண்டீர் kaṇḍi:r = you saw (polite form).
கண்டாய் kaṇda:j = you saw (ordinary form).
தண்ணீர் taṇ:i:r = water.
தீனி ti:ni = food, especially that of domestic animals.
நீலம் ni:ləm = blue ; நீளம் ni:ḷəm = length.
பீடம் pi:ḍəm = a raised seat.
மீனாட்சி mi:na:ṭʃi = (literally, fish-eyed) name of a girl ; goddess Minakshi.
மதியீனம் madiji:nəm = foolishness.
காரீயம் ka:ri:jəm = black lead. (ஈயம் = lead).
கல்லீரல் kal:i:rəl = the liver (மண்ணீரல் = the spleen)
வீதி vi:di = a street.

ழீ ɹi: = the letter ழீ, occasionally used.
பளீர் paḷi:r = glittering; gleam.
கற்றீர் katṛi:r = you learnt. The suffix ஈர் in the verbs கண்டீர் and கற்றீர் denotes second person plural.
பன்னீர் pan:i:r = rose water.

Sentences—வாக்கியங்கள்

1. மீன் தண்ணீரில் வசிக்கிற பிராணி = A fish is a creature that lives in water.
2. கடலில் பற்பல விதமான மீன்கள் வசிக்கின்றன = Different kinds of fish live in the sea.
3. வஞ்சிரம் கடலில் வசிக்கிற ஓர் மீன் = Seer is a fish that lives in the sea.
4. சில மனிதர் மீன் தின்கிறார்கள் = Some men eat fish.

Both in speech and in writing the difference between the short ி and the long ீ should be carefully observed. If one is substituted for the other the meaning will be considerably changed, e.g.

கிரி kiri = a hill (நீலகிரி blue mountain. The Nilgiris).
கீரி ki:ri = a mongoose.
சிவன் ʃivən = Siva, the third of the Hindu Triad.
சீவன் ʃi:vən = life.
திட்டல் tiṭ:əl = abusing.
தீட்டல் ti:ṭ:əl = beating rice in a mortar to cleanse it; inscribing; painting.
நிலம் niləm = land; the earth.
நீலம் ni:ləm = blue.
தம்பி tambi = younger brother.
தம்பீ tambi: = vocative case of தம்பி.
மிதம் midəm = moderation.
மீதம் mi:dəm = what is exceeding or remaining.
விண் viṇ = sky; air.
வீண் vi:ṇ = vain; unprofitableness.
விதி vidi = a rule; fate.
வீதி vi:ḍi = a street.
விட்டில் viṭ:il = a grasshopper; a locust.
வீட்டில் vi:ṭ:il = in the house; at home.

Lesson 35

இ i	ஈ i:
கி	கீ
ஙி	ஙீ
சி	சீ
ஞி	ஞீ
டி	டீ
ணி	ணீ
தி	தீ
நி	நீ
பி	பீ
மி	
யி	யீ
ரி	ரீ
லி	லீ
வி	வீ
ழி	ழீ
ளி	ளீ
றி	றீ
னி	னீ

Lesson 36

குரங்கு

உ = ு ; க் + உ = கு

u. ɯ.

குரங்கு kuraŋgɯ = a monkey.

In the case of the six consonants க, ட, ம, ர, ழ and ள the short உ is changed into ு and is joined to the under part of the consonant, thus:—கு, டு, மு, ரு, ழு, and ளு. The short உ at the end of words is close back unrounded ɯ. At the beginning it is always rounded u.

Exercise—அப்பியாச பாடம்

குருடு kuruḍɯ = blindness.
வீடு vi:ḍɯ = a house.
முழு muɹɯ = whole, entire.
முழுக்கு muɹuk:ɯ = a bath.
முத்தம் mut:əm = a kiss.
இருள் iruḷ = darkness.
ஏழு e:ɹɯ = seven.
எள்ளு eḷ:ɯ = sesamum; an oil-gram.

Sentences—வாக்கியங்கள்

1. இந்த குரங்குக்கு வால் நீளம் = (To this monkey the tail is long). This monkey has a long tail.
2. வால் இல்லாத குரங்குகளும் உண்டு = There are also monkeys without tails.
3. குரங்குகள் நன்றாய் ஆடும் = Monkeys dance well.
4. குரங்குகள் காடுகளில் வசிக்கின்றன = Monkeys live in forests.

கு is the sign of the Dative case = To e.g. குரங்கு (nom.) monkey; குரங்கு + கு = குரங்குக்கு (dative) To the monkey; நாய் (nom.) dog; நாய் + கு = நாய்க்கு (dative) To the dog. The re-duplication of க் is made according to the rules of augmentation.

Lesson 37

பசு

உ = ˌ ; ச் + உ = சு ; ஞ் + உ = ஞு

u. ɯ.

பசு paśɯ=a cow.

In the case of the five consonants ஞ, ச, ப, ய and வ the short உ is changed into ˌ and is joined thus:—ஞு, சு, பு, யு, வு.

Exercise—அப்பியாச பாடம்.

ஞு ɲu=the letter ஞு, never used.
சுருட்டு ʃuruṭ:ɯ=a roll; a cigar.
புழு puɹɯ=a worm.
புளுகு puḷuxɯ=a lie.
பாம்பு pa:mbɯ=a snake.
ஆயுதம் a:judəm=arms; a weapon; tools of any kind.
ஆயுசு a:jusɯ=age, or life-time.
கடவுள் kaḍavuḷ=God.
உணவு unavɯ=food.

Sentences—வாக்கியங்கள்

1. பசு மிகவும் நல்ல மிருகம்=The cow is a very good animal.
2. பசு பால் தரும்=The cow gives milk.
3. பசுவின் பால் ருசியாய் இருக்கும்=The cow's milk is sweet.
4. பசுவுக்கு முக்கிய ஆகாரம் புல்=(To the cow, the chief food is grass). Grass is the chief food of the cow.

Lesson 38

எறும்பு

உ = ு ; த் + உ = து

u. ɯ

எறும்பு eṛumbɯ=an ant. In the case of the seven consonants ஞ, ண, த, ந, ல, ற and ன the short உ is changed into ு and the loop is added thus:—ஞு, ணு, து, நு, லு, று, னு.

Exercise—அப்பியாச பாடம்

ஞு ɲu=the letter ஞு, never used.
கணுக்கால் kaṇuk:a:l=the ankle.
கணு kaṇɯ=a knot or joint of the stalk of a plant; knuckle of the fingers, etc.
துரு turɯ=rust.
துரும்பு turumbɯ=a straw; a rush.

துடுப்பு tuḍup:ɯ=an oar; a paddle.
நுனி nuni=the tip of a thing; the point.
நுணா nuṇa:=a tree, *morinda umbellata.*
நுங்கு nuŋgɯ=the unripe pulpy substance of a palmyra fruit.
எலும்பு elumbɯ=a bone.
குலுக்கு kuluk:ɯ=shake; agitate.
அறுபது aṛubədɯ=sixty.
அன்று andṛɯ=that day.
அறுப்பு aṛup:ɯ=harvest.
அனுப்பு anup:ɯ=send.
புனுகு punuxɯ=civet.
மனு manɯ=a petition; request.

Sentences—வாக்கியங்கள்

1. எறும்பு சிறு பிராணி=The ant is a small animal.
2. எறும்புகளில் பலவிதம் உண்டு=There are different kinds of ants.
3. எறும்புகள் சுறுசுறுப்பாய் இருக்கும்=Ants are active.
4. நீயும் சுறுசுறுப்பாயிருக்க பிரயாசப்படு=You, too, try to be active.
5. சுறுசுறுப்புள்ளவன் பணக்காரன் ஆவான்; சுகமாய் வாழ்வான்=An industrious man will become a wealthy man; he will enjoy a healthy and happy life.

Lesson 39

சூரியன்

ஊ= ூ ; ூ ; க்+ஊ=கூ ; ப்+ஊ=பூ

u:

கூடம் ku:ḍəm=a hall.

சூரியன் su:rijən=the sun.

The long ஊ is changed into ூ in the case of க, ூ in the case of ச and ூ in the case of ந, ப, ய and வ thus :—கூ, சூ, நூ, பூ, யூ, வூ.

Exercise—அப்பியாச பாடம்.

பள்ளிக்கூடம் paḷ:ik:u:ḍəm=a school.
காவற்கூடம் ka:vaṛku:ḍəm=a prison.
சூடு ʃu:ḍɯ=heat ; a burning or brand.
சூரணம் ʃu:raṇəm=medicine in powder.

ஞூ ŋu: = the letter ஞூ, never used.
பூ pu: = a flower.
பூட்டு pu:ṭ:ɯ = a lock.
யூகி ju:xi = a wise, ingenious or judicious man ; consider attentively or meditate. (Verb. Imp.)
யூதன் ju:dən = a Jew.
தஞ்சாவூர் tandʒa:vu:r = Tanjore, a town in S. India.
அவ்வூர் av:u:r = that city.

Sentences—வாக்கியங்கள்

1. சூரியன் நமக்கு ஒளி தருகிறது = The sun gives us light.
2. சூரியன் இல்லாவிட்டால் பூமி முழுவதும் இருட்டாய் இருக்கும் = If there is no sun the whole world will be in darkness.
3. சூரியன் காணப்படும் காலம் பகற்காலம் = The time when the sun is seen is day-time.
4. சூரியன் காணப்படாத காலம் இராக்காலம் = The time when the sun is not seen is night.
5. இராத்திரியில் மனிதர்கள் யாவரும் தூங்குவார்கள் = All men sleep in the night.
6. இரவில் நமக்கு ஒளி தருவது சந்திரன் = That which gives us light in the night is the moon.

Lesson 40

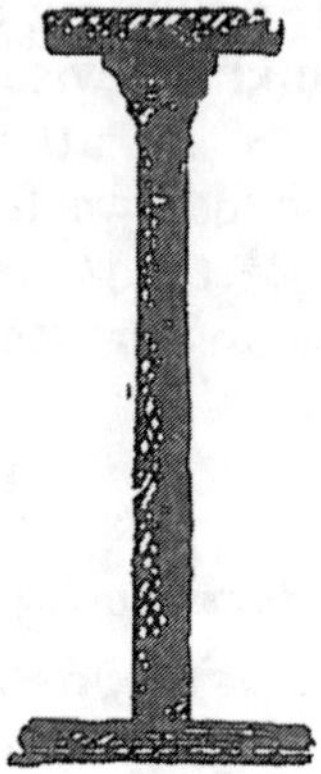

ரூபாய் தூண்

ஊ = ூ; ூ; ம் + ஊ = மூ; த் + ஊ = தூ

u:

ரூபாய் ru:ba:i = a rupee.

தூண் tu:ṇ = a pillar.

The long ஊ is changed into ூ in the case of ம, ட, ர, ழ and ள and into ூ in the case of ஞ, ண, த, ந, ல, ற and ன. thus மூ, டூ, ரூ, ழூ, ளூ, ஞூ, ணூ, தூ, நூ, லூ, றூ, னூ.

Exercise—அப்பியாச பாடம்

மூக்கு mu:k:ɯ = the nose.
குண்டூசி kuṇḍu:si = a pin.
உரூபம் uru:pəm = shape, form, beauty.

புகழூர் puxaɹu:r = name of a village (புகழ் = fame; praise and ஊர் = a village or town).

உள்ளூர் uḷ:u:r = native place.

ஐஞ்ஞூறு aiɲ:u:ṛɯ = five hundred.

பூணூல் pu:ṇu:l = the sacred string which certain sections of the Hindus wear over their shoulder.

தூண்டில் tu:ṇḍil = a fishing tackle.

நூறு nu:ṛɯ = one hundred.

பாலூர் pa:lu:r = name of a town. (பால் = milk + ஊர் = a town).

ஆற்றூர் a:tṛu:r = name of a town. (ஆறு = a river; ஊ = a town).

என்னூர் en:u:r = name of a town. (என் = my; ஊர் = a town).

Sentences—வாக்கியங்கள்

1. என் தகப்பனார் எனக்கு ஒரு ரூபாய் தந்தார் = My father gave me a rupee.
2. ஒரு ரூபாயில் பதினாறு அணா இருக்கின்றன = There are sixteen annas in a rupee.
3. ஒரு அணாவில் பன்னிரண்டு தம்பிடிகள் இருக்கின்றன = There are twelve pies in an anna.
4. ரூபாய் வட்டமாய் இருக்கும் = The rupee is round.
5. ரூபாய், அணா, தம்பிடி இம்மூன்றும் இந்தியாவில் வழங்கும் நாணயங்கள் = Rupee, anna, and pie are coins that are used in India.
6. ஒரு சவரன் அல்லது பவுண் பத்து ரூபாய்க்குச் சமம் = One sovereign or pound is equal to ten rupees.

குடம் kuḍəm = a water pot.

கூடம் ku:ḍəm = a hall.

குனி kuni = stoop down.

கூனி ku:ni = a hump-backed woman; shrimps.

சுடு ʃ³uḍɯ = burn.

சூடு ʃ³u:ḍɯ = heat; burning or brand.

துக்கம் tuk:əm = sorrow; grief.

தூக்கம் tu:k:əm = sleep (noun).

துண்டு tuṇḍɯ = a slice; a piece of cloth.
தூண்டு tu:ṇḍɯ = stir up; excite.
புண் puṇ = an ulcer.
பூண் pu:ṇ = a jewel; a ring of iron, brass, etc., fixed on the end of a stick; the iron ring on a pestle; a ferrule.
முடம் muḍəm = lameness in one of the limbs.
மூடம் mu:ḍəm = foolishness; stupidity.
முக்கு muk:ɯ = முடுக்கு, a corner.
மூக்கு mu:k:ɯ = the nose.
யுகம் juxəm = an age of the world.
யூகம் ju:xəm = ingenuity; knowledge.

Lesson 41

உ u, ɯ	ஊ u:
கு	கூ
ஙு	ஙூ
சு	சூ
ஞு	ஞூ
டு	டூ
ணு	ணூ
து	தூ
நு	நூ
பு	பூ
மு	மூ
யு	யூ
ரு	ரூ
லு	லூ
வு	வூ
ழு	ழூ
ளு	ளூ
று	றூ
னு	னூ

Lesson 42

பெட்டி

எ = ெ ; க் + எ = கெ

e. ɐ.

பெட்டி = pɐṭ:i = a box.

எ is changed into ெ and prefixed to the consonants thus:— கெ, ஙெ, செ, ஞெ, டெ, ணெ, தெ, நெ, பெ, மெ, யெ, ரெ, லெ, வெ, ழெ, ளெ, றெ, னெ.

ெ is more or less எ with the angle changed into a curve.

Exercise—அப்பியாச பாடம்

கெம்பு kembɯ or gembɯ = a ruby.
ஙெ ŋe = the letter ஙெ, never used.
செவி ʃ³evi = the ear.

ஞெ ŋe = the letter ஞெ, never used.
சுண்டெலி ʃ[3]uṇḍeli = a mouse.
எண்ணெய் ɐṇ:ej = oil.
தென்னமரம் ten:əmarəm = the cocoanut tree.
நெய் nej = ghee.
பெருக்கு peruk:ɯ = multiply ; sweep.
மெழுகுதிரி mɐɻugɯtiri = a wax-candle.
சவடியெலும்பு savɐḍielumbɯ = the collar-bone ; the clavicle.
காரெலி ka:reli = a black-rat.
காலெலும்பு ka:lelumbɯ = the shin-bone.
வெல்லம் vel:əm = jaggery.
புகழெல்லாம் puxəɻel:a:m = the whole fame.
வெள்ளெலி veḷ:eli = a white rat.
சிற்றெறும்பு ʃ[3]itṛeṛumbɯ = a small (red) ant.
நன்னெறி nan:eri = a good way ; an honest course.

Sentences—வாக்கியங்கள்

1. பெட்டிகளில் பலவிதம் உண்டு = There are different kinds of boxes.
2. மரத்தினால் செய்த பெட்டி மரப்பெட்டி = The box that is made of wood is a wooden box.
3. தகரத்தினால் செய்த பெட்டி தகரப் பெட்டி = The box that is made of tin is a tin-box.
4. இரும்பினால் செய்த பெட்டி இரும்புப் பெட்டி = The box that is made of iron is an iron box.
5. பெட்டிகளுக்குப் பூட்டும் சாவியும் உண்டு = Boxes have a lock and key.

Lesson 43

சேவல்

ஏ = ே ; க் + ஏ = கே

e : ʚ :

சேவல் ʃe:vəl=a cock. ஏ is changed into ே and prefixed to the consonants thus: கே, ஙே, சே, ஞே, டே, ணே, தே, நே, பே, மே, யே, ரே, லே, ழே, ளே, றே, னே.

Exercise—அப்பியாச பாடம்

கேள்வி kʚ:ḷvi=question.
ஙே ŋe:=the letter ஙே, never used.
சேறு ʃe:rɯ=mire, mud.
ஞேயம் ŋe:jəm=நேயம் love, friendship.
கண்டேன் kaṇḍe:n=I saw.

கணேசன் gaṇe:sən=Ganesa—the god of wisdom and remover of obstacles. He is represented as a short man with an elephant's head and a large belly. கணேசா or கணேசனே=O,Ganesa (vocative.)

தேள் te:ḷ=a scorpion.
நேரம் ne:rəm=time.
பேய் pe:j=a devil or demon.
மேலே me:le:=above.
இயேசு je:sɯ=Jesus. இயேசுவே=O,Jesus. (vocative).
இரேவு ire:vɯ=a ford ; a beach.
இலேசு ile:sɯ=lightness.
வேர் ve:r=a root.
கீழே ki:ɻe:=below.
உள்ளே uḷ:e:=within. (வெளியே=without.)
நின்றேன் nin(d)ṛe:n=I stood (past).
நிற்கிறேன் niṛkiṛe:n=I stand (present).
நிற்பேன் niṛpe:n=I will stand (future).
முன்னே mun:e:=before.
பின்னே pin:e:=after.

Sentences—வாக்கியங்கள்

1. சேவல் அழகான பட்சி=The cock is a beautiful bird.
2. சேவல் கூவும்=The cock crows.
3. சேவலின் இறகு பளபளப்பாய் இருக்கும்=The feather of the cock is shining.
4. சேவல் தானியம் தின்னும்=The cock eats grain.

The vocative case in Tamil is generally formed by adding the particle ஏ to the nominative e.g. மனிதன்=a man, மனிதன்+ஏ=மனிதனே=O, man ; இயேசு=Jesus, இயேசு+ஏ=இயேசுவே=O, Jesus.

ஏ is also used as a particle of emphasis e.g. நான்=I, நான்+ஏ=நானே=I myself ; அவன்=he, அவன்+ஏ=அவனே=he himself ; அவள்=she, அவளே=she herself ; நீயே=you yourself.

Lesson 44

எ e, ɛ.	ஏ e:, ɛ:
கெ	கே
ஙெ	ஙே
செ	சே
ஞெ	ஞே
டெ	டே
ணெ	ணே
தெ	தே
நெ	நே
பெ	பே
மெ	மே
யெ	யே
ரெ	ரே
லெ	லே
வெ	வே
ழெ	ழே
ளெ	ளே
றெ	றே
னெ	னே

எரி eri = burn.
எறி eṛi = throw ; fling.
ஏரி e:ri = a large tank or lake.
கெடு kɐḍɯ = term ; a limited time ; spoil (verb).
கேடு kɐ:ḍɯ = destruction ; ruin.
செம்பு ʃβembɯ = copper ; a drinking vessel of brass.
சேம்பு ʃβe:mbɯ = a kind of plant, *caladium nymphaci-folium.*
தென் ten = southern ; (தென் கடல் = south sea).
தேன் te:n = honey.
நெற்று netṛɯ = well ripened peas dried in their pod or cocoanuts
நேற்று ne:tṛɯ = yesterday.
பெண் pɐṇ = a maid.
பேண் pɐ:ṇ = take care of.
மெய் mej = truth ; body.
மேய் me:j = graze.
வெல் vel = conquer ; subdue.
வேல் ve:l = a lance.

Lesson 45

காக்கை

பூனை

ஐ=ை; ை; க்+ஐ=கை; ன்+ஐ=னை

ai

காக்கை ka:k:ai=காக்காய் or காகம் a crow.

பூனை pu:nai=a cat.

ஐ becomes ை and precedes the consonants as கை, ஙை, சை, ஞை, டை etc. except in the case of four consonants ண, ல, ள and ன where it is joined thus: ணை, லை, ளை, னை. It is to be noted that ை is simply the upper part of ஐ and ை is simply the short உ.

Exercise—அப்பியாச பாடம்

கை kai=the hand; arm.

வலது கை=the right hand.
இடது கை=the left hand.
உள்ளங்கை=the palm of the hand.

கணுக்கை = the wrist.
கணைக்கை = the forearm.
புறங்கை = the back of the hand.
முழங்கை = the elbow.
முன்னங்கை = the part of the arm from the fingers to the elbow.
தும்பிக்கை = the trunk of an elephant.

ஞை ɲai = the letter ஞை, never used.

சைகை ʃaixai = a sign; gesture.
கண் சைகை = a wink.
கைச்சைகை = a beck; a sign.

மஞ்ஞை maɲːai = மயில் a peacock. (rarely used).

கடை kaḍai = a shop; bazar; end.
கடைக்கண் = the corner of the eye.
கடைக்கண் பார்வை = a side look; a friendly look.
கடைக் குட்டி = the last born whether male or female.
கடைவாய் = the end of the jaw bone.
கடைவாய்ப் பல் = the back tooth, the wisdom tooth.
கடைக்காரன் = a shop-keeper.
கடை வீதி = a bazaar street.
கசாய்க்கடை = a butcher's shop.
மீன் கடை = a fish market.
சவுளிக்கடை = a cloth merchant's shop.

N.B. காரன் = an agent, maker or doer. It is always joined to another noun to form an appellative. Fem. காரி. e.g., கடைக்காரன், கடைக்காரி.

தையல் taijəl = a seam, suture; a woman.
தையற்காரன் Mas. } = a tailor.
தையற்காரி Fem. }
கெட்டித் தையல் = a double seam.
ஒட்டுத் தையல் = a patching.

நைவேத்தியம் naiveːtːijəm = an offering an oblation.

பை pai = a bag, purse.

மை mai = blackness; ink; an affix expressing an abstract quality or condition. e.g. மாட்சிமை = greatness; பழமை = oldness, antiquity; ஒருமை = oneness; பன்மை = plurality; ஆண்மை = manliness; கடுமை = severity; பெருமை = loftiness; pride; தாழ்மை = humility.

மாயை ma:jai = falsehood; vanity.

கீரை ki:rai = a general name of all sorts of greens.

வைடூரியம் vaiḍu:rijəm = one of the nine gems—cat's eye; Lapis-lazuli.

மழை maɻai = rain.

அடைமழை = continual rain.
கல் மழை = hail.
பெருமழை = a heavy rain.

வீணை vi:ṇai = the vina or Indian lute.

காலை ka:lai = morning.

மாலை ma:lai = evening.

காளை ka:ḷai = a bull.

காளைக்கன்று = a male calf.

பானை pa:nai = a pot, vessel.

Sentences—வாக்கியங்கள்

1. காக்கை ஒரு பறவை = The crow is a bird.
2. பூனை ஒரு மிருகம் = The cat is an animal.
3. காக்கைக்குக் கூர்மையான கண்கள் உண்டு = The crow has sharp eyes.
4. பூனைக்குக் கூர்மையான பற்களும் நகங்களும் இருக்கின்றன = The cat has sharp teeth and claws.
5. காக்கையின் நிறம் கறுப்பு = The colour of the crow is black.
6. பூனைகள் எல்லாம் ஒரே நிறமாய் இருப்பதில்லை = All cats are not of the same colour.

Lesson 46

ஐ ai = அய் aj = அயி aji

கை	மை
ஙை	யை
சை	ரை
ஞை	லை
டை	வை
ணை	ழை
தை	ளை
நை	றை
பை	னை

அய் or அயி is sometimes written for ஐ. ஐ = அய் = அயி.

ஐயர் aijər ; அய்யர் aj:ər = a priest.

பையன் paijən ; பய்யன் paj:ən = a boy.

சைகை ʃ^{3}aixai ; சயிகை ʃ^{3}ajixai = a sign.

தைலம் tailəm ; தயிலம் tajiləm = oil, ointment.

கைலாசம் kaila:səm ; கயிலாசம் kajila:səm = the silver mountain or Kailasa, the earthly abode of Siva.

வைத்தியம் vait:ijəm ; வயித்தியம் vajit:ijəm = the art of medicine.

வைரம் vairəm } =diamond.
வயிரம் vajirəm }

வைராக்கியம் vaira:k:iəm } =real fanaticism; absence of secular passion or desire.
வயிராக்கியம் vajira:k:iəm }

The accusative or the *second case* in Tamil is formed by adding ஐ to the nominative which is called the *first case.* e.g. மனிதன் (Nom.); மனிதன் + ஐ = மனிதனை (accus).

பூனை (Nom.); பூனை + ஐ = பூனையை pu:naijai (accus).

பூனை (Nom. or subj.) எலியை (accus.) பிடித்தது (predicate). The cat caught the rat.

The first case is called முதல் வேற்றுமை or எழுவாய். The accusative or the second case is called இரண்டாம் வேற்றுமை, The predicate is called பயனிலை.

The genitive case is formed by adding அது or உடைய to the nominative e.g. அவனது or அவனுடைய கடை = his shop; துரையுடைய வண்டி = the gentleman's carriage; கடவுளது or கடவுளுடைய கிருபை = the grace of God.

Lesson 47

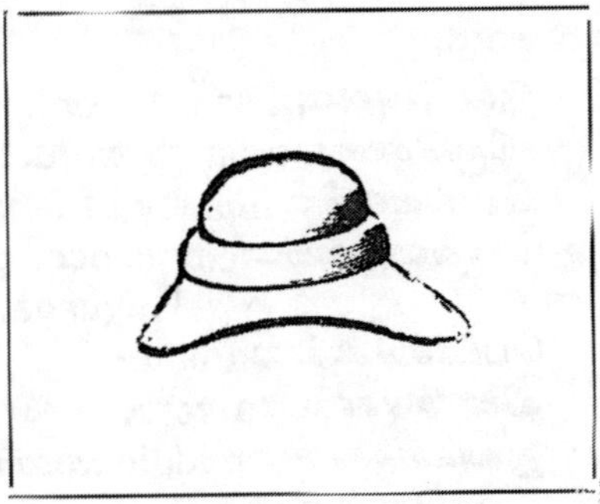

தொப்பி

ஒ=ெ–ா ; ெ–ப ; க் + ஒ = கொ ;

ண் + ஒ = ணொ

o.

தொப்பி top:i = a cap; a hat, a topee or a sun-helmet. ஒ is changed into ெ–ா, the consonant being placed between them as கொ, ஙொ, சொ etc. In ண, ற and ன the form is thus ணொ, றொ, னொ. In brief to produce the ஒ sound in consonants prefix ெ to கா, ஙா, சா, ஞா, டா, ணா etc. as கொ, ஙொ, சொ, ஞொ, டொ, ணொ, தொ, நொ, பொ, மொ, யொ, ரொ, லொ, வொ, ழொ, ளொ, றொ, னொ.

It is said that in old alphabets கொ was written ெX˙.

Exercise—அப்பியாச பாடம்

கொம்பு kombu = the horn of an animal; the symbol ெ is called a கொம்பு.

கூழைக்கொம்பு = a blunt horn.

மோழைக்கொம்பு = horns which are obstructed in their growth by being burnt.

வளைகொம்பு = a crooked horn.
விரிகொம்பன் = an ox with spreading horns.

ஙொ ŋo = the letter ஙொ, never used.

சொல் ʃ³ol = a word.

இன்சொல் = a sweet word.
கடுஞ்சொல் = a harsh word.
சொல்வளம் = fluency of language.
சொல்வன்மை = eloquence, power of language.
பெயர்ச்சொல் = a noun.
வினைச்சொல் = a verb.
இடைச்சொல் = middle word or the particle.
உரிச்சொல் = an adjective or adverb.

ஞொ ɲo = the letter ஞொ, never used.
நண்டொன்று nan̥donrɯ = (நண்டு + ஒன்று) one crab.
மண்ணொட்டர் = maṉ:oṭ:ər (மண் + ஒட்டர்) men who build mud walls.

தொழில் toɻil = action, occupation, trade.

கைத்தொழில் = handicraft.
தொழிற்பெயர் = a verbal noun.

நொண்டி noṇḍi = a lame person.

பொய் poj = a lie; falsehood.

பொய்யன் poijən = a liar.
பொய்ச்சாட்சி = a false witness.
பொய்ச்சத்தியம் = a false oath.

மொட்டைத்தலை moṭ:ait:alai = a bald head.
தீயொழுக்கம் ti:joɻuk:əm = bad manners.
உரொட்டி uroṭ:i = bread or loaf.
நல்லொழுக்கம் nal:oɻuk:əm = good manners.
ஒவ்வொரு ov:orɯ = each, every.
யாழொன்று ja:ɻondrɯ = (யாழ் + ஒன்று) one lute.
வாளொன்று va:ḷondrɯ = (வாள் + ஒன்று) one sword.
மற்றொன்று matṛondɹɯ = (மற்ற + ஒன்று) another.
நல்லவனொருவன் nal:avənoruvən = (நல்லவன் + ஒருவன்) one good man.

Sentences—வாக்கியங்கள்

1. தொப்பிகளில் பலவிதம் உண்டு= There are different kinds of topees.
2. ஒவ்வொரு தேசத்தாருக்கும் ஒவ்வொரு விதமான தொப்பி உண்டு= Each nation has a different kind of topee.
3. படத்திற் காட்டியிருப்பது வெள்ளைக்காரர் தொப்பி=What is shown in the picture is the topee of the white people.
4. இந்துக்கள் தலையில் தலைப்பாகை கட்டிக்கொள்வார்கள்= The Hindus wear a turban on their heads.
5. இந்துப் பெண்கள் தலையில் தொப்பியாவது, தலைப்பாகையாவது வைக்கிறதில்லை= Hindu women wear neither topees nor turbans on their heads.
6. வெள்ளைக்காரருக்குள் பெண்கள்கூட தொப்பி வைத்துக்கொள்வார்கள்=Among white people women also wear topees.
7. அது தேச வழக்கம்= That is the custom of the country.

Lesson 48

கோழி

ஓ=ே–ா ; ே–ா ; க்+ஓ=கோ ;

ண் + ஓ = ணோ

o:

கோழி ko:ḻi=a fowl.

To produce the ஓ sound in consonants prefix ே to கா, ஙா, சா, ஞா, டா, ணா etc., as கோ, ஙோ, சோ, ஞோ, டோ, ணோ, தோ, நோ, போ, மோ, யோ, ரோ, லோ, வோ, ழோ, ளோ, றோ, னோ.

Exercise—அப்பியாச பாடம்

கோல் ko:l=a rod or stick in general.

செங்கோல்=sceptre: kingly justice.

தூரிக்கோல்=a painter's brush or pencil.

கோலாட்டம்=a play with sticks.

ஙோ ŋo: = the letter ஙோ, never used.
சோறு ʃ[s]o:ṛɯ = boiled rice.
ஞோ ɲo: = the letter ஞோ, never used.
தட்டோடு taṭ:o:ḍɯ = (தட்டு + ஓடு) a flat tile.
கண்ணோவு kaṇ:o:vɯ = (கண் + நோவு) sore eyes.
தோட்டம் to:ṭ:əm = a garden.
    தோட்டக்காரன் = a gardener.
நோவு no:vɯ = நோய் sickness : நோயாளி no:ja:ḷi = a sick person ; a patient.
போ po: = go.
    போக்கு = an exit ; an evasion.
    போக்கு வரத்து = going and coming ; passing to and fro.
    போக்கு சாக்கு = vain excuses.
    போக்கு சொல்லுகிறது = to make excuses.
    புறம்போக்கு = an outside place ; a common land.
மோதிரம் mo:dirəm = a ring.
    மோதிரவிரல் = the ring finger.
பனையோலை panaijo:lai = (பனை + ஓலை) a palmyra leaf.
உரோகம் uro:xəm = நோய், வியாதி, a disease.
    உரோகி = நோயாளி a sick person.
உலோகம் ulo:xəm = (1) metal. பஞ்சலோகம் = the five metals viz. பொன் = gold, வெள்ளி = silver, செம்பு = copper, இரும்பு iron, and ஈயம் = lead.
    (2) பூலோகம் the world, the earth. பரலோகம் = heaven.
சதுரவோடு ʃ[s]adurəvo:ḍɯ = (சதுர + ஓடு) a square tile.
புகழோடு puxaẓo:ḍɯ = with praise (புகழ் + ஓடு).
மகளோடு maxaḷo:dɯ = (மகள் + ஓடு) with the daughter.
பெற்றோர் petṛo:r = parents.
மகனோடு maxano:ḍɯ = (மகன் + ஓடு) with the son.

N.B. The word ஓடு has various meanings : 1. a tile e.g. சதுரவோடு (a flat tile) 2. The shell of an animal e.g. ஆமை யோடு (the shell of tortoise) 3. a piece of broken earthen ware e.g. பானையோடு 4. as a verb it means run (imp). e.g.

விரைவாய் ஓடு=run fast. 5. a form of the third case or social ablative.

The ablative which is called the third case in Tamil (மூன்றாம் வேற்றுமை) has two forms; the one is ஆல் denoting the instrument or the cause and the other is ஒடு, ஓடு or உடன் denoting connection. e.g. இராமன் கல்லால் அடிபட்டான்= Rama was struck by a stone. சுந்தரம் இராமனைக் கல்லால் அடித்தான்=Sundaram struck Rama with a stone. இராமனொடு or இராமனோடு or இராமனுடன் சுந்தரம் வந்தான்= Sundaram came with Rama. In the second example சுந்தரம் is முதல் வேற்றுமை, இராமனை இரண்டாம் வேற்றுமை, கல்லால் மூன்றாம் வேற்றுமை.

The Dative case is called the 4th case நான்காம் வேற்றுமை and is formed by adding கு to the nominative e.g. பூனைக்கு, நாய்க்கு etc. (Vide lesson 36).

Sentences—வாக்கியங்கள்

1. கோபாலா, அதோ ஒரு கோழி பார்=Gopala, see, there is a fowl.
2. அது சேவலா, பெட்டையா?=Is it a cock or a hen?
3. அது பெட்டைக் கோழி=It is a hen.
4. அதற்கு ஏதாவது தீனி போடலாம், வா=Come let us give some food to it.
5. குஞ்சுகள்கூட தீனி தின்கின்றன பார்=See, even the chickens eat their food.
6. கோழி பலவித தானியங்களைத் தின்னும்=The fowl eats different kinds of grain.

Lesson 49

ஒ o	ஓ o:
கொ	கோ
ஙொ	ஙோ
சொ	சோ
ஞொ	ஞோ
டொ	டோ
ணொ	ணோ
தொ	தோ
நொ	நோ
பொ	போ
மொ	மோ
யொ	யோ
ரொ	ரோ
லொ	லோ
வொ	வோ
ழொ	ழோ
ளொ	ளோ
றொ	றோ
னொ	னோ

கொட்டை koṭ:ai = a nut.
கோட்டை ko:ṭ:ai = a fort.
கொடு koḍɯ = give. கொடுக்கல் வாங்கல் = giving and receiving, barter.

கோடு ko:ḍɯ = a line.
தொட்டி toṭ:i = a tub.
தோட்டி to:ṭ:i = a scavenger.
நொய் noj = broken rice.
நோய் no:j = sickness.
பேர் pe:r = பெயர் pejər = name.
போர் po:r = war, a battle.
மேகம் me:xəm = a cloud.
மோகம் mo:xəm = desire, lust.
சேலை ʃˢe:lai = a woman's cloth.
சோலை ʃˢo:lai = a grove.

Lesson 50

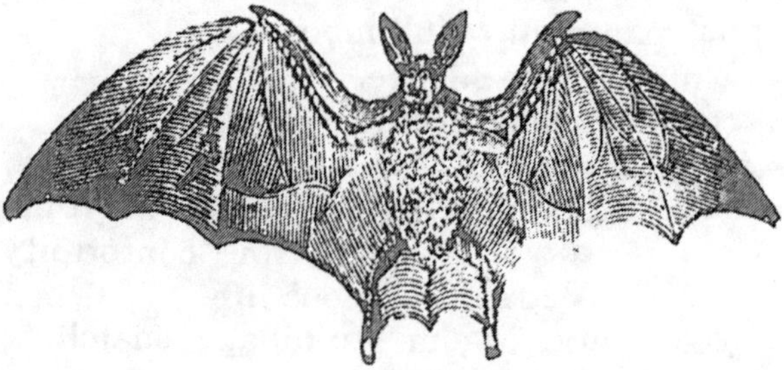

வௌவால்

ஔ = ெ—ள ; க் + ஔ = கௌ

au.

வௌவால் vauva:l = a bat.

ஔ is changed into ெ—ள and the consonant put betwee
as கௌ, ஙௌ, சௌ, ஞௌ, டௌ, ணௌ, தௌ, நௌ
பௌ, மௌ, யௌ, ரௌ, லௌ, வௌ, ழௌ, ளௌ, றௌ
னௌ ; or in brief ள is added to கெ, ஙெ, செ, ஞெ, டெ, et
(vide lesson 42). Note also கெ + ள = கௌ kau ; உ + ள ove
it = ஊ u: ; ஒ + ள = ஔ au.

Exercise—அப்பியாச பாடம்

கௌளி kauḷi = a lizard.
ஙௌ ŋau = the letter ஙௌ, never used.
சௌந்தரம் ʃ[3]aundarəm = beauty ; loveliness.
ஞௌ ɲau = the letter ஞௌ, never used.
டௌ ḍau = the letter டௌ, not generally used.

ஔனை ṇau = the letter ஔனை, not generally used.
தௌவுதல் tauvudəl = skipping; jumping.
ஔந nau = the letter ஔந, not generally used.
பௌர்ணமி pauṛṇami = full moon.
மௌனம் maunəm = silence.
யௌவனம் jauvanəm = youth.
இரௌத்திரம் irautːirəm = wrath; warlike fury.
இலௌகிகம் ilauxiːxəm = worldliness as opposed to வைதீகம் vaidiːxəm = conformity to the Vedas; religious life.
வௌவுகிறது vauvuxiṛədɯ = to pillage, snatch.

ழௌ ɻau = the letter ழௌ	never used.
ளௌ ḷau = the letter ளௌ	
றௌ ṛau = the letter றௌ	
னௌ nau = the letter னௌ	

Sentences—வாக்கியங்கள்

1. வௌவால் மரத்தில் தலைகீழாய்த் தொங்கும் = The bat hangs on a tree with its head down.
2. வௌவால் இரவில் இரைதேடப் போகும் = The bat goes in search of prey in the night.
3. நாம் இரவில் தூங்குவோம் = We sleep when it is night.
4. வௌவால் பழங்கள் தின்னும் = The bat eats fruits.

Lesson 51

ஔ au = அவ் av = அவு avu.

ஔவை auvai }
அவ்வை av:ai } = Avvai, the well known Tamil poetess.

வௌவால் vauva:ḷ }
வவ்வால் vav:a:ḷ } = a bat.

தௌவல் tauvəl }
தவ்வல் tav:əl } = hopping.

கௌவுதல் kauvudəl }
கவ்வுதல் kav:udəl } = snatching, as a dog.

சௌந்தரம் ʃˢaundarəm }
சவுந்தரம் ʃˢavundarəm } = beauty.

மௌனம் maunəm }
மவுனம் mavunəm } = silence.

கௌளி kauḷi }
கவுளி kavuḷi } = a lizard.

கௌரதை kauradai }
கவுரதை kavuradai } = dignity.

ஔ = அவ் = அவு

கௌ	மௌ
ஙௌ	யௌ
சௌ	ரௌ
ஞௌ	லௌ
டௌ	வௌ
ணௌ	ழௌ
தௌ	ளௌ
நௌ	றௌ
பௌ	னௌ

Lesson 52

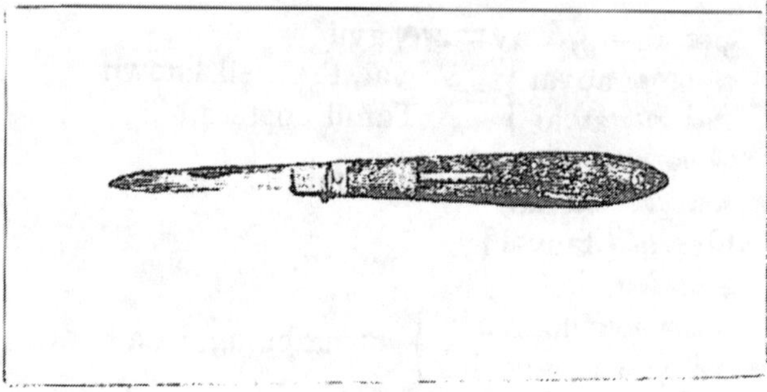

கத்தி

ஃ x

கத்தி kat:i = a knife.

ஃ This letter is called ஆய்தம் a:jdəm and is pronounced like *h*. It is also called ஃ முப்புள்ளி i.e. the three dots. It was formerly written கூ. This letter is seldom used in common language. It generally comes *after* a short vowel and *before* a hard consonant and is never used at the end of a word.

அஃது axdɯ = அது it, that.
இஃது ixdɯ = இது this.
அஃகுள் ax:uḷ = அக்குள் ak:uḷ (the arm-pit.)
எஃகு ex:ɯ = steel

Sentences—வாக்கியங்கள்

1. எஃகு ஒருவிதமான இரும்பு = Steel is a kind of iron.
2. எஃகினால் கூர்மையான கத்திகள் செய்யலாம் = We can make sharp knives out of steel.
3. கத்தி செய்பவன் கருமான் = One who makes knives is a blacksmith.
4. ஃ இந்த எழுத்துக்கு அக்கேனம் என்றும் பேர் = ஃ This letter is also called ak:e:nəm.

Lesson 53

Tamil letters—தமிழ் எழுத்துக்கள்

a	a:	i	i:	ʊ, m	u:	e, ɛ	e:, ɛ:	ai	o	o:	au	x	
அ	ஆ	இ	ஈ	உ	ஊ	எ	ஏ	ஐ	ஒ	ஓ	ஔ	ஃ	
க	கா	கி	கீ	கு	கூ	கெ	கே	கை	கொ	கோ	கௌ	க்	k, g, x
ங	ஙா	ஙி	ஙீ	ஙு	ஙூ	ஙெ	ஙே	ஙை	ஙொ	ஙோ	ஙௌ	ங்	ŋ
ச	சா	சி	சீ	சு	சூ	செ	சே	சை	சொ	சோ	சௌ	ச்	tʃ, ʃ
ஞ	ஞா	ஞி	ஞீ	ஞு	ஞூ	ஞெ	ஞே	ஞை	ஞொ	ஞோ	ஞௌ	ஞ்	ɲ
ட	டா	டி	டீ	டு	டூ	டெ	டே	டை	டொ	டோ	டௌ	ட்	ṭ, ḍ
ண	ணா	ணி	ணீ	ணு	ணூ	ணெ	ணே	ணை	ணொ	ணோ	ணௌ	ண்	ṇ
த	தா	தி	தீ	து	தூ	தெ	தே	தை	தொ	தோ	தௌ	த்	t, d
ந	நா	நி	நீ	நு	நூ	நெ	நே	நை	நொ	நோ	நௌ	ந்	n
ப	பா	பி	பீ	பு	பூ	பெ	பே	பை	பொ	போ	பௌ	ப்	p, b
ம	மா	மி	மீ	மு	மூ	மெ	மே	மை	மொ	மோ	மௌ	ம்	m
ய	யா	யி	யீ	யு	யூ	யெ	யே	யை	யொ	யோ	யௌ	ய்	j
ர	ரா	ரி	ரீ	ரு	ரூ	ரெ	ரே	ரை	ரொ	ரோ	ரௌ	ர்	r
ல	லா	லி	லீ	லு	லூ	லெ	லே	லை	லொ	லோ	லௌ	ல்	l
வ	வா	வி	வீ	வு	வூ	வெ	வே	வை	வொ	வோ	வௌ	வ்	v
ழ	ழா	ழி	ழீ	ழு	ழூ	ழெ	ழே	ழை	ழொ	ழோ	ழௌ	ழ்	ɻ
ள	ளா	ளி	ளீ	ளு	ளூ	ளெ	ளே	ளை	ளொ	ளோ	ளௌ	ள்	ḷ
ற	றா	றி	றீ	று	றூ	றெ	றே	றை	றொ	றோ	றௌ	ற்	ṛ
ன	னா	னி	னீ	னு	னூ	னெ	னே	னை	னொ	னோ	னௌ	ன்	n

Lesson 54

Grantham letters—வடமொழி எழுத்துக்கள்

In addition to the 18 consonants mentioned above, the Tamil alphabets has borrowed 5 consonants from the Grantham alphabet, viz. ஜ் (dʒ), ஷ் (ʃ), ஸ் (s), ஹ் (h) and க்ஷ் (tʃ). The learned do not properly admit the use of these letters, and in words borrowed from the Sanskrit they change the ஷ் into ட். e.g. கஷ்டம்=கட்டம், வருஷம்=வருடம். ஜ், ஸ் and ஹ் have phonetically the same values as க and ச in certain positions, in purely Tamil words e.g. பஞ்சம் pandʒəm, ஆசை a:sai, வாகனம் va:hanəm, or va:xanəm. While க்ஷ் is a conjunct consonantal sound and can be easily represented in Tamil by the two letters ட் and ச். e.g. அட்சரம் atʃarəm, பட்சம் patʃem etc.

Although these letters are redundant yet they are freely used by modern writers, to express correctly the sounds of words borrowed from other languages.

The vowel-consonants formed out of these five 5 consonants are given in the next page :

வடமொழி எழுத்துக்கள்

ஜ	ஜா	ஜி	ஜீ	ஜு	ஜூ	ஜெ	ஜே	ஜை	ஜொ	ஜோ	ஜௌ	ஜ்
dʒa	dʒa:	dʒi	dʒi:	dʒu	dʒu:	dʒe	dʒe:	dʒai	dʒo	dʒo:	dʒau	dʒ
ஸ	ஸா	ஸி	ஸீ	ஸு	ஸூ	ஸெ	ஸே	ஸை	ஸொ	ஸோ	ஸௌ	ஸ்
sa	sa:	si	si:	su	su:	se	se:	sai	so	so:	sau	s
ஷ	ஷா	ஷி	ஷீ	ஷு	ஷூ	ஷெ	ஷே	ஷை	ஷொ	ஷோ	ஷௌ	ஷ்
ʃ̣a	ʃ̣a:	ʃ̣i	ʃ̣i:	ʃ̣u	ʃ̣u:	ʃ̣e	ʃ̣e:	ʃ̣ai	ʃ̣o	ʃ̣o:	ʃ̣au	ʃ̣
க்ஷ	க்ஷா	க்ஷி	க்ஷீ	க்ஷு	க்ஷூ	க்ஷெ	க்ஷே	க்ஷை	க்ஷொ	க்ஷோ	க்ஷௌ	க்ஷ்
ṭʃ̣a	ṭʃ̣a:	ṭʃ̣i	ṭʃ̣i:	ṭʃ̣u	ṭʃ̣u:	ṭʃ̣e	ṭʃ̣e:	ṭʃ̣ai	ṭʃ̣o	ṭʃ̣o:	ṭʃ̣au	ṭʃ̣
ஹ	ஹா	ஹி	ஹீ	ஹு	ஹூ	ஹெ	ஹே	ஹை	ஹொ	ஹோ	ஹௌ	ஹ்
ha	ha:	hi	hi:	hu	hu:	he	he:	hai	ho	ho:	hau	h

Exercise—அப்பியாச பாடம்

ஜன்னல் dʒan:əl = சன்னல் window.
ஜாதி dʒa:di = சாதி kind, race, caste, tribe.
ஜில்லா dʒil:a: = சில்லா a district.
ஜீவன் dʒi:vən = சீவன் lite.
ஜுரம் dʒurəm = சுரம் fever.
ஜூலை dʒu:lai = சூலை the month of July.
ஜெயம் dʒejəm = செயம் victory.
ஜேஷ்டன் dʒe:ʃṭən = சேஷ்டன் the elder brother, senior.
ஜோஷியம் dʒo:ʃijəm = சோசியம். Corrupted into சோதிஷம் or சோதிடம் = astrology, astronomy.
ஸந்நியாஸி san:ija:si = சந்நியாசி an ascetic.
ஸாஸனம் sa:sanəm = சாசனம் an order; a royal grant.
ஸிக்ஷை sitṣai = சிட்சை discipline; chastisement.
ஸ்ரீதேவி si:de:vi = சீதேவி the goddess of fortune or plenty as opposed to மூதேவி the goddess of misfortune.
ஸுபம் subəm = சுபம் auspiciousness; goodness.
ஸூரியன் su:rijən = சூரியன் the sun.
புஸ்தகம் pustaxəm = புத்தகம் a book.
புருஷன் puruʃən = புருடன் husband.
கஷாயம் kaʃa:jəm = a decoction.
கிருஷி kiruʃi = கிருடி husbandry; agriculture.
மனுஷீகம் manuʃi:xəm = human nature.
பவுஷு pavuʃɯ = happiness; prosperity.
பாஷை pa:ʃai = பாடை language.
புஷ்பம் puʃpəm = புட்பம் a flower.
அக்ஷரம் aṭʃarəm = அட்சரம் a letter.
க்ஷாமம் ṭʃa:məm = பஞ்சம் famine.
பக்ஷி paṭʃi = பட்சி a bird.
க்ஷீரம் ṭʃi:rəm = milk.
க்ஷேமம் ṭʃe:məm = சேமம், சுகம் prosperity.

உபேக்ஷை ube;ṭ∫ai = உபேட்சை indifference.

க்ஷௌரம் ṭ∫aurəm = சவரம் shaving சவரக்கத்தி = a razor.

சூக்ஷ்மம் su:ṭ∫məm = சூட்சுமம் fineness; subtlety; dexterity.

வாஹனம் va:hanəm = வாகனம் a vehicle; a conveyance of any kind.

மஹாதேவன் maha:de:ven = great god; Siva as supreme.

ஊஹி u:hi = ஊகி guess; infer.

ஹுண்டி huṇḍi = உண்டி a bill of exchange; a draft.

ஹேது he:du = ஏது medium; means; cause.

மஹோத்சவம் maho:rt∫avəm = மகோத்சவம் a great festival.

Lesson 55

Sounds of Animals—பிராணிகளின் சப்தங்கள்.

1. நாய் குரைக்கும் or குலைக்கும் = The dog barks.
2. குதிரை கனைக்கும் = The horse neighs.
3. சேவல் கூவும் = The cock crows.
4. பூனைக்குட்டி மியா, மியா என்று கத்தும் = The kitten mews.
5. சிங்கம் கர்ச்சிக்கும் = The lion roars.
6. நரி ஊளை யிடும் = The fox howls.
7. புறா கூவும் = The pigeon cooes.
8. வண்டு இரையும் = The beetle (or wasp) hums.
9. ஆந்தை அலறும் = The owl hoots.
10. அடைக்கலான் குருவி கீச்சிடும் = The sparrow chirps.
11. பெட்டைக்கோழி கொக்கரிக்கும் = The hen cackles.
12. பாம்பு சீறும் = The snake hisses.

The termination உம் in குலைக்கும், கனைக்கும் etc. though of the future tense, is used generally to express the present time in cases of இயல்பு i. e. *nature*, *habit* or *custom*, without any particular cause.

The correct form in the present tense is as follows :— குலைக்கிறது, கனைக்கிறது, கூவுகிறது, கத்துகிறது, ஊளையிடுகிறது, இரைகிறது, அலறுகிறது, கீச்சிடுகிறது, கொக்கரிக்கிறது, சீறுகிறது. The present tense is formed by inserting the particle கிறு between the root and pronominal affixes e.g. கத்து + கிறு + அது = கத்துகிறது. கத்து + கிறு + ஆன் + கத்துகிறான்.

Lesson 56

Days and Months—நாட்கள், மாதங்கள்.

A day consisting of 24 hours is called நாள். Its plural is நாட்கள்.

When it is considered as a part of the week it is called கிழமை. The day or date of the month is called திகதி or தேதி and it is usually written தி or உ.

The day, as distinguished from the night, is called பகல் and the night இரா or இரவு.

The week is called வாரம். It consists of 7 days which receive their names from the 7 planets called கிரகம் including the sun which was also recognized by the Hindus as a கிரகம். To these names, the term கிழமை is added as

ஞாயிறு	the Sun	ஞாயிற்றுக்கிழமை	Sunday.
திங்கள்	the Moon	திங்கட்கிழமை	Monday.
செவ்வாய்	Mars	செவ்வாய்க்கிழமை	Tuesday.
புதன்	Mercury	புதன்கிழமை	Wednesday.
வியாழம்	Jupiter	வியாழக்கிழமை	Thursday.
வெள்ளி	Venus	வெள்ளிக்கிழமை	Friday.
சனி	Saturn	சனிக்கிழமை	Saturday.

The month is called மாதம் or மாசம் or திங்கள் and it is usually written in the abbreviated form ௴. The names of the 12 months are :—

1. சித்திரை	31	நாட்கள்	nearly half of	April and May.
2. வைகாசி	31	,,	,,	May and June.
3. ஆனி	32	,,	,,	June and July.
4. ஆடி	31	,,	,,	July and August.
5. ஆவணி	31	,,	,,	August and Sept.
6. புரட்டாசி	31	,,	,,	September and Oct.

7. ஐப்பசி	30 நாட்கள்	nearly half of	October and Nov.
8. கார்த்திகை	29 ,,	,,	November and Dec.
9. மார்கழி	30 ,,	,,	December and Jan.
10. தை	29 ,,	,,	January and Feb.
11. மாசி	30 ,,	,,	February and March.
12. பங்குனி	31 ,,	,,	March and April.

மொத்தம் 366 நாட்கள்.

The year is called வருஷம் or ஆண்டு and it is usually written in the abbreviated form ௵.

Lesson 57

Certain phrases—சில தொடர்மொழிகள்

1. நெஞ்சு படபட என்று துடிக்கிறது = The heart palpitates violently.
2. திருடன் திடுதிடென்று ஓடினான் = The thief ran away post-haste.
3. தண்ணீர் மடமட என்று ஓடுகிறது = The water runs with a murmuring sound.
4. அவன் மளமள என்று பேசினான் = He spoke very loudly and quickly.
5. அவன் தொண தொண என்று விடாமல் பேசிக்கொண்டிருந்தாள் = She was going on talking incessantly.
6. அவர்கள் இருவரும் முணு முணு என்று இரகசியமாய்ப் பேசிக்கொண்டிருந்தார்கள் = Those two were talking in a low mysterious tone.
7. அவன் கொண கொண என்று பேசுகிறான் = He talks thickly (as one who has a cold.)
8. அவர்கள் குசுகுசு என்று பேசினார்கள் = They spoke secrets.
9. அவன் கடுகடு என்று பேசுகிறான் = He speaks angrily.
10. அவன் தடதட என்று வாசிக்கிறான் = He reads fluently.
11. தொண்டை கறகற என்று இருக்கிறது = The throat is parched.
12. அவன் படபட என்று பேசிவிட்டான் = He spoke rashly.
13. மாவு கொற கொற என்று இருக்கிறது = The flour is coarse.
14. உலை தள தள என்று கொதிக்கிறது = The water in the rice pot boils with a gurgling sound.
15. தண்ணீர் குளு குளு என்றிருக்கிறது = The water is icy cold.
16. அவன் காரியமெல்லாம் வழ வழ கொழ கொழ = His affairs are never in order but always in confusion.

Lesson 58

Colloquialisms—வழக்கப் பேச்சு

1. தண்ணி கொண்டா (தண்ணீர் கொண்டுவா) Bring water.
2. வெந்நி வாண்டாம்; பச்சத்தண்ணி வேணும். (வெந்நீர் வேண்டாம்; பச்சைத் தண்ணீர் வேண்டும்) I do not want hot water; I want cold water.
3. சாப்புட்டியா? (சாப்பிட்டாயா?) Have you taken your meals?
4. மேசயத் தொடச்சியா? (மேசையைத் துடைத்தாயா?) Did you dust the table?
5. கடையில் கொஞ்சஞ் சக்கர வாங்கிக்கிட்டுவா (கடையில் கொஞ்சம் சர்க்கரை வாங்கிக்கொண்டு வா) Get some sugar from the bazaar.
6. புள்ளையத் தூக்கிக்கிட்டுப் போ. (பிள்ளையைத் தூக்கிக் கொண்டு போ). Take the child and go.
7. அவுங்க ஊட்ல உனக்கு என்ன சம்பளங் குடுத்தாங்க? (அவர்கள் வீட்டில் உனக்கு என்ன சம்பளம் கொடுத்தார்கள்) How much did they pay you in their house?
8. ஊட்டுக்குப் போறியா? (வீட்டுக்குப் போகிறாயா?) Are you going home?
9. திரும்ப எண்ணைக்கி வருவெ? (திரும்ப என்றைக்கு வருவாய்?) When (on what day) will you come back?
10. செவ்வாயண்ணு வாறென். (செவ்வாய்க்கிழமை யன்று வருகிறேன்). I shall come back on Tuesday.
11. செடிக்கித் தண்ணி ஊத்தினியா? (செடிக்குத் தண்ணீர் ஊற்றினாயா?) Did you water the plants?
12. மாங்கண்ணுக்கு மாத்திரந் தண்ணி ஊத்தினெங். மத்தச்செடியெல்லாங் காஞ்சி போச்சி. (மாங்கன்றுக்கு மாத்திரம் தண்ணீர் ஊற்றினேன். மற்றச் செடிகளெல்லாம் காய்ந்துபோயின). I watered the mango plant only. All the other plants have dried up.